INTRODUÇÃO À
PSIQUIATRIA FORENSE

A Artmed é a editora oficial da ABP

Este livro trata-se de versão atualizada e ampliada do livro *O que é psiquiatria forense*, publicado anteriormente pela Editora Brasiliense.

B277i   Barros, Daniel Martins de.
           Introdução à psiquiatria forense / Daniel Martins de
        Barros. – Porto Alegre : Artmed, 2019.
           104 p. ; 21 cm.

           ISBN 978-85-8271-517-8

           1. Psiquiatria forense. I. Título.

                                              CDU 340.63

Catalogação na publicação: Karin Lorien Menoncin – CRB 10/2147

INTRODUÇÃO À
PSIQUIATRIA FORENSE

Daniel Martins de Barros

2019

© Artmed Editora Ltda., 2019

Gerente editorial: Letícia Bispo de Lima

Colaboraram nesta edição:
Coordenadora editorial: Cláudia Bittencourt
Capa: Paola Manica
Preparação do original: Aline Pereira de Barros
Projeto gráfico e editoração: Kaéle Finalizando Ideias

Reservados todos os direitos de publicação à
ARTMED EDITORA LTDA., uma empresa do GRUPO A EDUCAÇÃO S.A.
Rua Ernesto Alves, 150 - Bairro Floresta
90220-190 – Porto Alegre – RS
Fone: (51) 3027-7000

SÃO PAULO
Rua Doutor Cesário Mota Jr., 63 – Vila Buarque
01221-020 – São Paulo – SP
Fone: (11) 3221-9033

SAC 0800 703-3444 – www.grupoa.com.br

É proibida a duplicação ou reprodução deste volume, no todo ou em parte, sob quaisquer formas ou por quaisquer meios (eletrônico, mecânico, gravação, fotocópia, distribuição na Web e outros), sem permissão expressa da Editora.

IMPRESSO NO BRASIL
PRINTED IN BRAZIL
Impresso sob demanda na Meta Brasil a pedido de Grupo A Educação.

Autor

Daniel Martins de Barros é professor colaborador do Departamento de Psiquiatria da Faculdade de Medicina da Universidade de São Paulo (USP) e médico do Instituto de Psiquiatria do Hospital das Clínicas da USP. Doutor em Ciências e bacharel em Filosofia pela USP, é colunista do jornal *O Estado de S. Paulo* e do Portal Estadão, bem como consultor do programa *Bem estar*, da Rede Globo. Fala sobre mente e cérebro no programa de entrevistas *Humanamente* e na coluna "Isso é coisa da sua cabeça", na Rádio Band News FM. Escreve mensalmente sobre ciência e comportamento para a revista *Galileu*.

Publicou, pela Artmed Editora, os livros *Personagens ou pacientes: clássicos da literatura mundial para refletir sobre a natureza humana* (2014), *Manual de perícias psiquiátricas* (2015) e *Além do consultório: como a psiquiatria nos ajuda e entender o mundo* (2018).

À memória de meu avô Otávio,
cuja sabedoria e bom humor
permanecem em sua descendência.

Sumário

1 Introdução 11

2 História 15

3 O Direito e a Psiquiatria 31
    A perícia 31
    Direito Criminal 35
        Avaliação das vítimas 48
    Direito Civil 50
    Perícias relacionadas ao trabalho 56
    Psiquiatria Forense na atuação clínica 71
        Agressividade e violência 72
        Populações encarceradas 78

4 Desafios bioéticos 83
    Detecção de mentira 88
    Manipulação de comportamento 92

5 Considerações finais 97

Referências 99

1

Introdução

Sempre que se fala em Psiquiatria Forense vem à mente a figura do assassino autor de um crime bizarro, que extrapola os limites daquilo que consideramos um crime "normal". Justamente por ser autor de um delito "anormal", imagina-se, esse indivíduo deve ser louco, e como tal terá de ser diagnosticado pelos médicos peritos. Essa imagem, no entanto, além de ser incompleta, nem sempre é verdadeira.

As interações entre a Psiquiatria e o Direito são muito mais complexas do que isso, perpassam praticamente todas as áreas de atuação humana e remontam à Antiguidade, aos primórdios dos códigos e das leis. O apelo popular auferido pelas causas criminais, no entanto, dá a essa face da Psiquiatria Forense uma visibilidade maior, já que, nesses casos, o drama da vida aparece em suas cores mais vivas, o clamor por justiça se faz ouvir com mais força e a alegação de insanidade divide a opinião pública – uns acreditam que o criminoso só pode ser "louco", sendo inimaginável que um ser humano "normal" seja capaz daquele ato; outros, por sua vez, não admitem que o criminoso seja "louco", vendo nessa alegação uma tentativa desonesta de fugir à pena devida.

Talvez a causa dessa ambiguidade seja o fato de as pessoas sentirem-se indignadas com a alegação de que um criminoso é "louco" – pois isso diminuiria sua responsabilidade – mas, ao mesmo tempo, temerem admiti-lo como "normal" – o que as obrigaria a conviver com ele após cumprida sua sentença – além de privá-las de uma explicação tranquilizadora para tamanha barbaridade. Sim, porque lidar com o fato de que os crimes, mesmo os bárbaros, possam ser cometidos por cidadãos comuns, como nós, é altamente inquietante. Muito mais confortável é dividir o mundo entre nós e eles, colocando a maldade em uma esfera separada de nós pela barreira do transtorno mental. Claro que, além de ser uma tentativa inútil, essa aproximação entre doença psiquiátrica e crime é prejudicial para os pacientes, já vítimas de tantos estigmas. O que só reforça o fato de o papel do psiquiatra nesses casos ser delicado e necessitar de um grande embasamento técnico para evitar o uso distorcido da Psiquiatria Forense.

Tais problemas surgem geralmente quando um ato de violência extrema é perpetrado, e a sociedade, assustada, se indaga se não seria obra de um lunático, já que quem comete um ato de tal tipo sem dúvida é perigoso. Uma vez descartada uma patologia mental, contudo, mas ainda assim havendo periculosidade, o caso sai das mãos do psiquiatra – se não há nexo causal entre o ato e uma doença, sua missão está teoricamente cumprida. É nessa hora que surge o nó górdio: diante do perigo que o criminoso pode de fato apresentar, mas dadas as limitações da lei para lidar com casos complexos, há uma pressão, velada ou explícita, para que a Psiquiatria, erroneamente considerada portadora das explicações para todos os comportamentos desviantes, tome ao menos uma providência; afinal, algo tem que ser feito. Se o psiquiatra se arrisca a tratar do tema da criminalidade em geral, o fato é que ele irá falar como especialista fora de sua especialidade, pois, se não há transtorno presente, seu instrumental técnico torna-se, no mínimo, limitado. A força e a constância dessa demanda social por tais soluções acabam por turvar a visão do que é Psiquiatria de fato, gerando perdas para ela e, sobretudo, para a Justiça. Um dos objetivos desta obra, portanto, é recolocar as coisas em perspectiva; refletir sobre o que é Psiquiatria Forense nos levará obrigatoriamente a pensar também sobre o que **não é** Psiquiatria Forense.

Procuramos seguir uma ordem histórica. Iniciamos por suas origens, na tentativa de compreender primeiramente a necessidade das leis e, a partir daí, o entendimento de situações especiais nas quais a aplicação pura e simples das normas não solucionava o problema: os dementes, as crianças e os loucos, por exemplo, deveriam ter um tratamento diferenciado, a ser estabelecido com o auxílio da Psiquiatria. Passamos pelos anos em que esse auxílio assumiu suas formas mais extremadas, dando origem inclusive a disputas de poder no Direito Penal, em uma época em que houve a tendência de a sociedade dar mais ouvidos aos peritos do que aos próprios juízes. Tal situação, por ser insustentável teórica e praticamente, cedeu lugar ao enquadre contemporâneo do saber médico no processo judicial, o qual não apenas descrevemos como, em certa medida, criticamos, ao apontar as questões éticas e os limites legais com os quais lida hoje a Psiquiatria Forense. Analisamos a Psiquiatria Forense não apenas em seu aspecto normativo – ou seja, na lide com as leis e as normas –, mas também em seus aspectos terapêuticos, pois diante de pacientes envolvidos de alguma forma com a Justiça, quer seja como autores ou vítimas, os médicos se beneficiam do conhecimento de trâmites judiciais, das possibilidades legais e dos limites éticos para sua ação.

Finalmente, ante o avanço dos conhecimentos científicos, com o progresso do saber médico, voltamo-nos também para o futuro, refletindo sobre como a Psiquiatria Forense lidará com temas emergentes diante do progresso das Neurociências – que peso daremos à neuroimagem nos tribunais? A genética poderá ser suficiente para explicar – e justificar – comportamentos criminosos? Serão as escalas e os algoritmos capazes de prever nossas atitudes? Eis uma temática carente de reflexão ético-legal – que, se não empreendermos agora, depois poderá ser tarde.

Esperamos que, assim procedendo, olhando para o passado, criticando o presente e refletindo sobre o futuro, possamos contribuir divulgando conhecimento e auxiliando no debate sobre esse tema tão premente.

2

História

Pergunte a qualquer sociólogo. Ou melhor, a um antropólogo. Melhor ainda, pergunte a um etólogo sobre quais os ingredientes necessários para o estabelecimento de uma sociedade organizada. Mesmo que não estudem humanos, ainda que sejam especialistas em comportamento animal, provavelmente todos eles incluirão nessa receita, entre outras coisas, a necessidade de se garantir a existência de um comportamento relativamente padronizado, alguma forma de normatização – ou seja, nas possíveis escolhas dos indivíduos devem haver parâmetros que lhes impeçam de atentar contra a existência do agrupamento. Se assim não fosse, é claro, a própria manutenção da vida comunitária seria posta em risco. Com o homem não há distinção nesse quesito.

Ainda andávamos descalços pelas savanas africanas caçando e coletando, mal conseguindo controlar o fogo, e já estabelecíamos regras mínimas de convívio, punindo aqueles que se desviavam da norma. De forma totalmente intuitiva, é verdade, por meio de acordos tácitos (que nem sequer essa denominação recebiam), mas já ciosos da manutenção da ordem com vistas a viabilizar o convívio pacífico.

Com o tempo a humanidade evoluiu. Domesticamos o fogo, o que nos permitiu extrair energia extra dos alimentos, possibilitando o desenvolvimento cerebral que daria origem ao homem moderno. Desenvolvemos a capacidade de cultivar vegetais para nossa subsistência, tornando-nos menos dependentes das vicissitudes da sorte e garantindo suprimento energético constante (ainda que com qualidade decrescente, como mostra a atual epidemia de obesidade). Pudemos, enfim, estabelecer os primeiros assentamentos, embriões do que viriam a ser, muito tempo depois, as cidades. Nesse processo, as capacidades cognitivas dos seres humanos foram amadurecendo, atingindo novos limiares de raciocínio abstrato até então desconhecidos.

Com o posterior desenvolvimento da escrita, a humanidade experimentou um salto em suas possibilidades, pois se tornava viável transmitir o conhecimento entre gerações de maneira mais precisa, permitindo o acúmulo de saberes e o progresso do conhecimento. Um novo salto cognitivo, em direção à capacidade de pensamento abstrato e mesmo de introspecção, foi dado com a expansão da escrita pelo mundo afora. Daí para a codificação escrita das leis não demorou – uma vez que desde sempre já se fazia presente, ainda que de maneira informal, a ideia de guardá-las e transmiti-las de uma geração a outra –, sendo mera consequência de seu desenvolvimento. A partir de então, aqueles que se comportassem de forma ofensiva à sociedade seriam punidos segundo regras bem estabelecidas, conhecidas, se não por todos – já que a democratização do acesso à informação é até hoje perseguida –, ao menos por quem fosse responsável pela aplicação das penas.

O intelecto social mais maduro, contudo, evidenciava que nem todos poderiam ser apenados da mesma forma. Embora as penalidades existissem para prevenir que as pessoas infringissem normas deliberadamente, além de punir aqueles que o faziam, havia pessoas para as quais essas funções eram de pouca utilidade: os "loucos", os "dementes", os "retardados" e mesmo as crianças, na maioria das vezes, não agiam de forma deliberada – licitamente ou não –, o que os tornava refratários a qualquer função da pena. Esses indivíduos não temiam ser castigados nem se emendariam após sua aplicação, justamente por lhes falhar a razão. Foram desde cedo, portanto, considerados exceções nos diversos códigos que surgiam. Documentos já muito antigos passaram a incluir menção às pessoas que, por suas condições especiais, deveriam ser encaradas de forma particular pela Justiça: basicamente as crianças e os que estivessem com o estado mental alterado.

A definição da idade a partir da qual as pessoas passam a ser apenadas como adultos plenamente capazes segue sob um intenso debate até hoje – a questão é tão complexa que mesmo as tentativas de fornecer um parâmetro mostram a margem para dissenso: nas recomendações que trouxe em 2006 sobre a idade inicial para apenamento, o Fundo das Nações Unidas para a Infância (Unicef) pareceu tornar mais difícil uma decisão, ao sugerir que ela estivesse entre 7 e 18 anos.[1] Embora a maioria dos países no mundo adote limites próximos aos 18 anos, argumentos contra e a favor da redução abundam, sem que uma evidência seja capaz de definir a resposta exata. O que parece lógico, já que essa definição deve ser social, inexistindo resposta científica em qualquer área do conhecimento que baste para encerrar o debate. Por isso mesmo, essa não é uma seara para o psiquiatra forense. Ao cabo, uma vez definido (pela sociedade, e não pelo médico) o critério, sua operacionalização prescinde do psiquiatra, bastando saber a data de nascimento do infrator. Já com relação às alterações do estado mental – e hoje, com a proliferação de possibilidades nosológicas nos manuais diagnósticos, muita coisa pode ser invocada como alteração patológica, desde estado puerperal a transtornos psicóticos, passando pelo sonambulismo, pela epilepsia e pelos transtornos mentais em geral –, as nuanças são tamanhas que, mesmo que os critérios sejam claros, nem sempre sua implementação é isenta de controvérsia. O psiquiatra forense surgiu, portanto, com este objetivo: auxiliar a Justiça na definição do estado mental dos sujeitos de direitos e deveres, possibilitando seu enquadre adequado nas leis estabelecidas.

Nem sempre as doenças foram consideradas matéria médica. Nos primórdios da história, as manifestações físicas de distúrbios em quaisquer órgãos eram atribuídas a espíritos, normalmente malignos, e suas influências sobre os seres humanos. Esse cenário começou a ser alterado quando, ainda na Grécia Antiga, as doenças passaram a ser encaradas como fenômenos naturais, decorrentes do mau funcionamento do organismo – ainda que as teorias subjacentes ao que era denominado natural hoje nos pareçam carecer de sentido. Um dos principais fatores naturais considerados era o balanço entre os humores (fluidos corporais divididos em bile, bile negra, fleuma e sangue). De acordo com seus níveis e as interações entre si e com o ambiente, estariam sujeitos a desequilíbrios que provocariam reflexos na saúde das pessoas. Embora rudimentares, tais explicações humorais tiveram o mérito de trazer para o plano natural – portanto passível de observação, explicação e intervenção – aquilo que era visto como desígnio dos espíritos, não restando aos homens nada a fazer a não ser rituais clamando por cura.

Aspectos psicológicos da vida também passaram a ser, da mesma forma, explicados em função dos humores. Atribui-se a Hipócrates a formulação de uma teoria dos temperamentos também baseada nos humores. De acordo com o fluido que predominasse em sua constituição, as pessoas seriam:

- **Sanguíneas** – expansivas, otimistas, mas irritáveis e impulsivas
- **Fleumáticas** – sonhadoras, pacíficas e dóceis, presas aos hábitos e distantes das paixões
- **Coléricas** – ambiciosas e dominadoras, com propensão a reações abruptas e explosivas
- **Melancólicas** – nervosas e excitáveis, tendendo ao pessimismo, ao rancor e à solidão

Até hoje, ao dizermos que uma pessoa é bem ou mal-humorada, estamos ecoando essa teoria, como se os líquidos corporais moldassem seus afetos, mesmo não acreditando mais que existam causas únicas determinantes do temperamento. Nem biológicas ou de qualquer outra ordem, diga-se. Talvez só os pesquisadores mais radicais, sejam de áreas orgânicas, psicológicas ou sociais, possam ser capazes de defender a exclusividade determinística de sua teoria na formação da personalidade.

Progressivamente, a definição de loucura ou sanidade foi sendo encampada pelos médicos, enquanto ia se desenvolvendo o conceito de adoecimento mental em oposição a adoecimento físico. Como consequência natural desse movimento, alguns médicos foram se especializando nesse tipo de doença, a alienação mental, tornando-se os primeiros alienistas. Definido isso, o que daí decorreu é de apreensão automática: se os loucos necessitam de um enquadre particular perante a lei, e se os psiquiatras são os profissionais que devem definir quem é louco, logo, são os psiquiatras que devem definir quem precisa de considerações particulares perante a lei. O nascimento da Psiquiatria é, pois, indissociável do nascimento da Psiquiatria Forense: no mesmo momento em que alguém se torna responsável por diagnosticar a loucura, recebe a incumbência de informar isso ao operador do Direito quando este carecer de tal informação.

Com isso, os psiquiatras passaram a desfrutar de um poder crescente perante a sociedade e dentro dos tribunais, atingindo seu esplendor e queda no século XIX e no início do século XX.

Não apenas para a Psiquiatria Forense em particular, mas para a Psiquiatria em geral, o século XIX foi um período sem precedentes.

Com efeito, o florescimento dos manicômios nesse século foi um fenômeno histórico, com razões que variam entre médicas, políticas e sociais, cada uma com maior ou menor peso de acordo com quem conta a história. Os primeiros registros de locais construídos para abrigar pacientes remetem ao Oriente Médio, desde o século VII; tais edificações migraram para a Europa após a invasão árabe na Espanha e floresceram no velho continente a partir do século XV. Em 200 anos a maioria dos países da Europa contava com ao menos uma instituição exclusiva para doentes mentais – só na Itália a quantidade de hospícios públicos dobrou de 20 para 40 entre 1840 e 1880.

A ligação umbilical entre a Psiquiatria e a análise do comportamento criminoso remonta a essa época, tornando-se, desde então, associadas de maneira tão poderosa que até hoje é difícil para as pessoas pensar em Psiquiatria Forense sem se lembrar de criminosos.

Nesse período, entre o final do século XVIII e o início do XIX, surgiria a ideia de Estado-nação, época da unificação da Alemanha, da Itália, consolidando a ligação entre os conceitos de unidade política e identidade étnico-cultural. A industrialização começava a ganhar importância, e a progressiva urbanização dos países estava em marcha. Não por acaso foi quando começaram a surgir as primeiras polícias, que eram então os sistemas de conhecimentos e práticas administrativas para organizar a sociedade, alocando recursos humanos e materiais.

A Medicina sofreu grande influência desse movimento e das teorias que o acompanhavam. Prichard, por exemplo, acreditava que as emoções humanas poderiam se tornar desbalanceadas com o afastamento da natureza produzido pela civilização. E os governantes deram-se conta de que não teriam prosperidade se os cidadãos não tivessem saúde, levando à aproximação entre Estados e Medicina. Esta assumiu um caráter preventivo, voltada para as cidades, visando o bem-estar dos cidadãos, com grande foco em medidas preventivas e sanitárias. Surgia, assim, um movimento que ficou conhecido como *higienismo*, precursor de avanços como canalização e tratamento de esgoto, aterros sanitários e cuidados com alimentos. Paralelamente eram estruturadas as polícias médicas, que, inspiradas pelas polícias em geral, se voltavam para o controle de epidemias, atenção a gestantes e a recém-nascidos, imposição de vacinações e prevenção de acidentes. Não foi pequeno o poder dado aos médicos, que passaram a ser responsáveis por identificar e erradicar essas fontes de perigo na sociedade. Os bons resultados, com queda na mortalidade materna e infantil, redução de doenças infectocontagiosas e aumento da longevidade, disputam espaço na história com resultados menos louváveis, como abusos de poder e autoritarismo.

Não espanta que esse período tenha sido o auge dos manicômios. Foi quando Philippe Pinel, teorizando sobre a Psiquiatria em uma era em que ainda não existiam alternativas farmacológicas para o tratamento da loucura, enfatizava que tais instituições eram indispensáveis para o tratamento dos pacientes. Influenciado pelas ideias iluministas de Locke, que propunha ser a mente uma tábula rasa ao nascimento – atribuindo à experiência a gênese de todos os nossos comportamentos, tanto normais quanto desviantes –, ele propunha que a causa da loucura era "moral", entendendo o termo como "comportamental" ou "psicológico", em oposição a "biológico" ou "orgânico". Ao médico alienista caberia reeducar os pacientes, exercendo sobre eles a influência na direção de comportamentos adequados, contrabalançando o peso das experiências passadas que os levaram à insânia – para Pinel, os comportamentos desviantes não eram consequências de transtornos mentais, mas suas causas; se pudessem ser corrigidos, a cura seria decorrência.

Menos de 30 anos após a publicação da obra seminal de Pinel (o *Traité médico-philosophique sur l'aliénation mentale ou la manie*, de 1801), o psiquiatra inglês James Cowles Prichard definiu o conceito *moral insanity*, traduzido às vezes como "loucura moral", outras como "insanidade moral". O termo referia-se originalmente aos transtornos comportamentais em pessoas sem retardo ou psicose, já que moral, como vimos, não se referia exclusivamente à esfera dos valores. No entanto, tal termo já fora usado no século anterior para descrever uma perversão do senso de certo e errado como consequência de doença mental. E o próprio Prichard não excluía a influência do declínio na religiosidade e na moralidade nos transtornos mentais. O também inglês Henry Maudsley viria, mais tarde, cravar o significado final para o termo, ligando-o definitivamente a um discernimento moral deficiente. Não demorou para que a insanidade moral denotasse especificamente pessoas que, destituídas de empatia, eram frias de sentimentos e inclinadas a atitudes delituosas. A "moral", que em Pinel era utilizada como "comportamental", assumia agora uma conotação verdadeiramente ligada aos costumes e às regras de bom convívio social – loucos morais eram aqueles que, a despeito de conhecer as regras e ter pleno entendimento sobre elas, não se portavam de acordo com as convenções sociais. Para a Psiquiatria de então, os criminosos podiam ser considerados loucos: se comportamentos desviantes eram sintomas de loucura e o crime é um comportamento desviante, logo o crime era um sintoma de loucura. Os elementos morais, as paixões, os vícios, o afastamento da religião, os maus costumes e a ignorância, vistos como tendência generalizada, passaram a ser apontados como elementos de perigo, já que associados ao risco de adoecimento mental e à criminalidade.

O discípulo mais notório de Pinel foi, sem dúvida, Jean-Étienne--Dominique Esquirol, cuja influência superou em muito a de seu mestre graças ao conceito de monomania, por ele desenvolvido. Percebendo que se multiplicavam as alegações de inocência por insanidade metal, Esquirol criou o diagnóstico de monomania, que seria uma loucura na qual permanecia preservado o raciocínio, a despeito de delírios constantes, ideias irreais e fantasiosas, paranoias, etc. Esses sintomas não eram diagnosticados até se manifestarem em uma explosão ensandecida e, por vezes, criminosa. Apesar de as pessoas acometidas de monomania serem aparentemente normais, na verdade, eram doentes mentais que precisavam ser diagnosticados.

Tais ideias não demoraram a conquistar a sociedade, elevando o *status* do médico, mormente do psiquiatra, como detentor do saber capaz de diferenciar os loucos dos sãos. A linha divisória entre a loucura e a sanidade tornava-se mais tênue, sendo necessário um especialista capaz de dizer quem a havia ultrapassado. O impacto no pensamento leigo fica evidente nessa crônica de Machado de Assis,[2] em que ele narra uma fuga ocorrida do Asilo Nacional de Loucos, do Rio de Janeiro:

> A fuga dos doudos do Hospício é mais grave do que pode parecer à primeira vista.
>
> [...] era convicção minha de que se podia viver tranquilo fora do Hospício dos Alienados. No *bond*, na sala, na rua, onde quer que se me deparasse pessoa disposta a dizer histórias extravagantes e opiniões extraordinárias, era meu costume ouvi-la quieto. Uma ou outra vez sucedia-me arregalar os olhos, involuntariamente, e o interlocutor, supondo que era admiração, arregalava também os seus, e aumentava o desconcerto do discurso.
>
> [...]
>
> Quando o interlocutor, para melhor incutir uma ideia ou um fato, me apertava muito o braço ou me puxava com força pela gola, longe de atribuir o gesto a simples loucura transitória, acreditava que era um modo particular de orar ou expor. O mais que fazia, era persuadir-me depressa dos fatos e das opiniões, não só por ter os braços mui sensíveis, como porque não é com dous vinténs que um homem se veste neste tempo. [...] Agora porém, que fugiram doudos do hospício e que outros tentaram fazê-lo (e sabe Deus se a esta hora já o terão conseguido), perdi aquela antiga confiança que me fazia ouvir tranquilamente discursos e notícias. [...] Caiu por terra o forte apoio. Uma vez que se foge do hospício dos alienados (e não acuso por isso a administração) onde acharei método para distinguir um louco de um homem de juízo? De ora avante, quando alguém vier dizer-me as cousas mais simples do mundo, ainda que me não arranque os botões, fico incerto se é pessoa que se governa ou se apenas está num daqueles intervalos lúcidos, que permitem ligar as pontas da demência às da razão. Não posso deixar de desconfiar de todos.

Discernir, em meio ao discurso habitual do homem comum, sinais de loucura, já não era possível ao não especialista. A sociedade estava condenada a conviver com pessoas que, sendo loucas, apresentavam uma periculosidade latente que só à Medicina cabia lidar. Aos poucos se traçava o caminho para que o saber médico instrumentalizasse o Direito em sua função coercitiva.

Ainda no século XIX, dois novos elementos confluíram para desaguar no estabelecimento definitivo da periculosidade dos doentes mentais.

Percebendo que a Psiquiatria vinha novamente se afastando das bases biológicas, pendendo, com Pinel e Esquirol, para as determinantes psicológicas – que são mais questionáveis por sua própria natureza imaterial –, Bénédict August Morel publicou, em 1857, o *Traité des dégénérescences physiques, intellectuelles et morales de l'espèce humaine et des causes qui produisent ces variétés maladives*, no qual, influenciado pela obra de Charles Darwin, propõe que as doenças mentais são fruto da degeneração biológica da espécie, trazendo a Psiquiatria novamente para bases orgânicas. Segundo sua proposição, os desvios seriam produto do acúmulo de defeitos hereditários, que não apenas explicariam a loucura, mas seriam visíveis externamente, por meio de estigmas como estrabismo, assimetria facial e malformações em geral. Associados às influências ambientais, os fatores heredogenéticos explicariam a loucura, a epilepsia e a criminalidade.

Na mesma época surgia a promessa da Frenologia, proposta inicialmente por Franz Joseph Gall: explicar as doenças mentais por meio da anatomia do crânio – supostamente reflexo da anatomia do cérebro – permitindo o diagnóstico antropológico da loucura. A aproximação com o conceito de loucura moral foi inevitável, nascendo, assim, a Antropologia Criminal, cujo grande expoente foi Cesare Lombroso. Sua missão era permitir a identificação dos criminosos natos por meio de seu estudo morfológico – face e crânio, principalmente. Segundo Lombroso, "[...] os germes da loucura moral e do crime se encontram já nos primeiros anos do homem".[3] Em uma sociedade que, assustada com a monomania, temia não saber diferenciar doentes mentais de pessoas saudáveis, pode-se compreender o tremendo apelo de tal teoria. Se, por um lado, a maldade já vinha inscrita nos genes do indivíduo, por outro, ela era visível para os olhos treinados, revelando-se nos estigmas. "O livre-arbítrio não passa de uma grande ilusão", declarou Lombroso, crendo-se autor do epitáfio para o Direito Clássico e da noção de responsabilidade.

Os médicos passaram a ter um papel cada vez mais importante nos tribunais, sendo, muitas vezes, os responsáveis pela palavra final sobre a possibilidade de condenação ou não dos réus. Mesmo diante do crescente desconforto nas cortes, tal situação era inevitável: se a anatomia explicava a loucura e a loucura explicava o crime, logicamente, a anatomia explicaria o crime.

Esse silogismo, cuja estrutura lógica restava inatacável uma vez aceitas as premissas, trazia em seu seio um grande entrave à aplicação da justiça: como desde tempos imemoriais a humanidade decidiu não punir os que são doentes mentais, ao entendermos todo crime como sinal de doença mental, nenhum crime poderia ser punido. Esse paradoxo, criado pelos próprios médicos, foi a semente do ocaso de seu poderio, já que, na ausência de inconsistência lógica dos argumentos, a única solução para tal contradição passou a ser o questionamento da validade das premissas: talvez nem todo comportamento desviante fosse insano e, assim, nem todo crime deveria ser sintoma de loucura. Com isso em mente, os psiquiatras europeus solicitaram aos juízes, em um Congresso de Genebra, em 1907, que não mais os inquirissem sobre a responsabilidade dos criminosos em geral, pedindo que se mantivesse a pergunta nos termos do artigo 64 do Código Penal francês, de 1810: "Não há crime nem delito, quando o agente estiver em estado de demência ao tempo da ação".[4] O que passasse disso, entendiam, extrapolava o saber médico.

Novamente os criminosos seriam responsabilizados por seus atos, não vistos necessariamente como decorrência de insanidade. A não ser, é claro, nos casos em que de fato a doença estivesse por trás do crime.

A ideia de que nem todos devem ser responsabilizados igualmente por seus atos não era nova, remontando à Grécia Antiga, quando Aristóteles já dividia os atos em voluntários e involuntários, discriminando-os quanto à responsabilidade moral. Como codificação legal, no entanto, os embriões do que viriam a ser as medidas de segurança podem ser encontrados já no Direito Romano: consultado por um juiz sobre a pena a ser imposta a um matricida louco, o imperador Marco Aurélio instrui que, em sendo descartada a hipótese de simulação, pode o réu permanecer isento de punição, sendo sua enfermidade punição suficiente, desde que seja cuidadosamente observado, e eventualmente acorrentado, o que pode servir tanto para seu castigo como para sua segurança e a dos que o cercam.

Durante a Idade Média os loucos e os menores eram também considerados à parte diante da lei, a criança por ser inocente, o louco porque "não sabe o que faz". A exclusão de ilicitude dos menores é notada até mesmo no seio da Igreja Católica. Tanto é assim que os clérigos lidavam, eles mesmos, com a difícil questão da condenação eterna dos menores – se a criança é inocente, como poderia ser condenada? Mas, se a criança não fosse passível de condenação, ficava ameaçada a doutrina do pecado original, fundamental na teologia cristã. Foi assim que se criou o purgatório – um local onde ficariam as crianças mortas antes do batismo à espera do juízo final. Embora nunca tenha sido proposto como dogma pela igreja, até hoje a ideia persiste como uma tentativa de resolver a questão – aparentemente os dilemas da maioridade penal transcendem o direito terreno. Nessa época medieval os códigos da maioria dos países europeus inocentavam os loucos que cometiam crimes, os quais deveriam ficar sob a guarda da família. Vale a ressalva que, no mesmo período, os estados islâmicos também distinguiam os criminosos sãos dos loucos, mas iam além, separando os loucos criminosos dos não criminosos – sendo que apenas os últimos deviam ser enviados para a família, ficando os primeiros sob a guarda do sultão.

No século XIX, com o cenário dominado pelo Positivismo – quer no Direito, quer na Medicina e na Psiquiatria –, o ambiente era propício para a criação do que viria a ser chamado "medida de segurança". Isso ocorreu quando ao desejo de prevenção da periculosidade somou-se o do tratamento médico; aquela Medicina que assumiu proativamente o papel de normatizadora dos comportamentos, notadamente por meio da prática psiquiátrica, não substituiria o Direito, mas seria sua parceira no embasamento científico para promover o cerceamento dos criminosos insanos.

Para justificar o encarceramento dos perigosos, a possibilidade de uma cura para o criminoso, com a consequente cessação de periculosidade, foi fundamental; afinal, essa é a diferença essencial entre a prisão e o manicômio judiciário: a função do primeiro é punir e prevenir, já a do segundo é prevenir e tratar. Claro que as medidas de segurança traziam, inicialmente, o objetivo preventivo, pois criminosos que ameaçassem muito a sociedade mobilizaram, desde tempos antigos, esforços não apenas para que fossem punidos, mas também para que se criassem mecanismos preventivos a seus atos. O caráter de prevenção, portanto, é anterior à moderna medida de segurança. Só mais modernamente as medidas de segurança revestem-se de um caráter terapêutico; e, se mantêm o objetivo de prevenção de novos crimes, o fazem apenas para aqueles cometidos em razão de transtornos mentais. Assim, quando um doente mental comete um crime, a grande maioria das sociedades entende que ele não deve ser apenado como um criminoso comum; não obstante, alguma providência deve ser tomada pelo Estado. Essa atitude é o que hoje se chama de Medida de Segurança, aventada pela primeira vez na proposta do código penal suíço, por Carl Stoos, em 1893.

Pouco antes, no Brasil, o Código Penal[5] de 1890 dispunha que não eram criminosos os que "por imbecilidade nativa ou enfraquecimento senil forem absolutamente incapazes de imputação" e "os que se acharem em estado de completa privação dos sentidos e da inteligência no ato de cometer o crime". E ainda preceituava que "os indivíduos isentos de culpabilidade em resultado de afecção mental serão entregues às suas famílias ou recolhidos a hospitais de alienados, se o seu estado mental assim exigir para a segurança do público".[5]

Especificamente em São Paulo, a partir de 1895, o médico psiquiatra Franco da Rocha publicou uma série de artigos nos jornais *Estado de São Paulo* e *Correio Paulistano* criticando a inexistência de lugares apropriados para os pacientes psiquiátricos criminosos. A discussão ganhou corpo apenas um ano depois, em 1896, após um crime mobilizar a sociedade. O paciente Custódio Alves Serrão fugiu do Hospício Nacional de Alienados, onde fora internado após assassinar o tutor de seus irmãos, o comendador Belarmino Brasiliense Pessoa de Melo.

O crime fora cometido porque, em seus delírios, Custódio acreditava que o Comendador tinha planos contra sua vida. Após o crime, o paciente havia sido internado no hospital contra a vontade do então diretor, João Carlos Teixeira Brandão, que não o queria acolher por não ser somente louco, mas, de igual forma, criminoso. O próprio paciente não queria ser internado, mas julgado e preso como são, pois alegava estar consciente e pleno de seu autocontrole. A partir da fuga, a discussão sobre o destino dos loucos criminosos ganhou a sociedade.

Sete anos depois, em 22 de dezembro de 1903, foi aprovado o decreto n. 1132, que reorganizava a Assistência aos Alienados. Os artigos 11 e 12 determinavam que não se podia manter alienados em cadeias públicas ou entre criminosos e, enquanto os estados não tivéssem manicômios judiciários, os alienados delinquentes e os condenados alienados somente poderiam permanecer em asilos públicos, nos pavilhões especialmente reservados a eles. Apesar do decreto, ainda se passariam quase 20 anos até que fosse inaugurado um estabelecimento específico. Antes disso, foi necessária outra fuga de um doente mental criminoso, dessa vez da seção Lombroso do Hospício Nacional de Alienados, criada dentro do hospital psiquiátrico geral para abrigar pacientes com problemas com a Justiça, sob responsabilidade do jovem médico psiquiatra Heitor Pereira Carrilho. Somente em 1921 seria inaugurado o primeiro Manicômio Judiciário do País.

Para se ter um panorama da situação, em 1926 o Departamento de Saúde de São Paulo fez um levantamento e encontrou 1.500 doentes mentais delinquentes no sistema penitenciário, apesar da lei que proibia tal prática. Como se não bastasse, também havia criminosos no sistema de saúde: no Juqueri, hospital psiquiátrico sem fins judiciais, viviam 165 criminosos (95 brasileiros e 70 estrangeiros). Com esses dados, no ano seguinte o professor José de Alcântara Machado D'Oliveira, catedrático de Medicina Legal (então chamada Medicina Pública) do Largo São Francisco, apresentou no Congresso Estadual de São Paulo o projeto de lei n. 3, que criava o Manicômio Judiciário de São Paulo. Sua execução ficou ao encargo do médico psiquiatra Antônio Carlos Pacheco e Silva, que só o veria de pé em 1933.

Um ano antes, em 1932, o Desembargador Vicente Piragibe elaborou um *Código Penal Brasileiro: completado com as leis modificadoras em vigor*, com quatro livros e 410 artigos, com todas as leis criminais de seu tempo de forma simples e didática. Vargas era, então, Chefe do Governo Provisório e oficializou-o como "Consolidação das Leis Penais" por meio do Decreto n. 22.213, de 14 de dezembro 1932, tornando-o o Estatuto Penal Brasileiro. Nele lia-se que:

> **Art. 29.** Os indivíduos isentos de culpabilidade em resultado de affecção mental serão entregues a suas famílias, ou recolhidos a hospitaes de alienados, si o seu estado mental assim exigir para a segurança do público. Emquanto não possuirem os Estados manicomios criminaes, os alienados delinquentes e os condemnados alienados sómente poderão permanecer em asylos publicos, nos pavilhões que espacialmente se lhes reservem.[6] [Na grafia original da época].

Finalmente, em 31 de dezembro de 1933, é inaugurado o Manicômio Judiciário de Franco da Rocha, junto ao Asilo de Alienados Juqueri, construído 35 anos antes, em 1898. Ali, até 1940, abrigavam-se somente homens, permanecendo as doentes criminosas no próprio Juqueri, até ser criada, em 1943, uma colônia para mulheres.

Com o Código Penal de 1940, a legislação concernente aos doentes criminosos foi novamente modificada, instituindo-se o duplo binário – o indivíduo deveria pagar pelo que cometeu, ou seja, cumprir uma pena e, além disso, ser enviado para medida de segurança –, sendo a pena determinada em função do delito e sua gravidade, enquanto a medida de segurança, em função da pessoa e sua periculosidade.

Com a reforma da parte geral do código, em 1984, extinguiu-se tal expediente, tomando seu lugar o sistema vicariante, ou seja: ou bem pena, pela culpabilidade, ou bem tratamento, dada a periculosidade. As medidas de segurança foram divididas em detentivas, com a internação em hospital de custódia e tratamento, e não detentivas, com tratamento ambulatorial. De qualquer forma fica patente que o paciente psiquiátrico que comete o crime é, *a priori*, perigoso. Vale lembrar que no atual código também são enquadrados em medida de segurança os criminosos que adoecem mentalmente no transcorrer da pena.

A época áurea dos médicos peritos, quando os psiquiatras exerceram um poder além do que estavam preparados para assumir, lentamente dava lugar à moderna concepção de Psiquiatria Forense.

3

O Direito
e a Psiquiatria

Até aqui a história nos trouxe. Se hoje em dia os médicos peritos ainda apresentam credibilidade em seus laudos, tendo suas opiniões reconhecidas pela Justiça e pela sociedade, é porque o Direito não pode prescindir da Psiquiatria, e esta vem conseguindo responder a tal necessidade, a despeito (ou por conta) dos ajustes que se fizeram necessários ao longo dos anos.

Embora a fama e o *glamour* da Psiquiatria Forense se façam presentes nos casos criminais, praticamente todas as áreas do Direito podem requerer seus préstimos, pois, onde quer que haja um processo, há pessoas, e em havendo pessoas, sempre pode haver problemas mentais. Direito Penal, Civil, de Família, Trabalhista, Militar, Administrativo, Internacional... a bem da verdade, se existe uma norma escrita – da Constituição às regras do condomínio –, haverá sempre quem a descumpra. E quando esse alguém o fizer não por sua própria deliberação consciente, mas motivado por sintomas de transtornos mentais, a Psiquiatria Forense deverá esclarecer as circunstâncias e as implicações de seu estado mental.

A PERÍCIA

A forma de comunicação por excelência entre a Medicina e o Direto é a perícia. Mais do que isso, perícia é a maneira que o Direito tem de se municiar de conhecimentos muito específicos, que fogem ao leigo, mas que são importantes para a resolução de determinadas causas. Quando alguém alega que foi indevidamente cobrado em uma causa qualquer, muitas vezes é necessária a realização de uma perícia contábil para deslindar a questão.

No caso da Medicina dá-se o mesmo – para determinar se há doença, se há possibilidade de cura, se há causas conhecidas, quando se deu o início do problema e até mesmo se e quando o sujeito morreu, o juiz, os advogados, os promotores e os delegados contam com o saber médico. O trabalho do perito é compreender a dúvida que tem o operador do Direito e, a partir do seu conhecimento técnico, oferecer uma resposta clara que seja cientificamente embasada, mas acessível ao leigo.

A perícia é, portanto, a resposta leiga dada por um técnico a uma pergunta técnica feita por um leigo.

O perito médico pode ser um funcionário contratado para a realização das perícias de determinados órgãos, quando é chamado de *perito oficial*. Pode também ser um *perito nomeado*, antigamente chamado de perito louvado, quando é indicado pelo juiz como médico imparcial para examinar alguma questão. No caso da Psiquiatria, ficará claro que as perguntas feitas são normalmente variações de um mesmo tema:

- Há ou não doença?
- Qual e há quanto tempo?
- Pode-se determinar, mesmo que em parte, sua causa?
- Ela interfere na compreensão e no autocontrole? Quanto?

Com algumas adaptações, essas são as grandes dúvidas que surgem nos processos, independentemente de qual área do Direito estiver falando.

As partes envolvidas no processo podem também contratar médicos para atuar em seu auxílio – são os assistentes técnicos. Seja formulando perguntas para o perito, os chamados quesitos, seja acompanhando a perícia ou redigindo um parecer sobre o laudo oficial, sua função não é isenta. Embora, como todo trabalho, deva ser exercido dentro dos limites éticos e com embasamento técnico, o objetivo do assistente técnico é auxiliar a parte que o contratou. É importante, então, só atuar em casos em que haja real embasamento técnico-científico, pois, quando aceita trabalhar para uma das partes a que falte a razão, pode o médico ver-se em uma situação complicada de ser pressionado pelo cliente para afirmar algo em que não acredite e que não possa sustentar se questionado. Temos como lema só trabalhar com clientes para os quais possamos recomendar que digam toda a verdade para o perito. Até porque é dever do perito e dos assistentes técnicos se comunicarem, trocando as informações disponíveis, combinando as atividades periciais necessárias, o que é muito mais difícil quando se está obviamente em uma posição de difícil sustentação.

Feita a perícia, a partir dela deve ser produzido um documento que então será parte integrante daquele processo como uma forma de prova.

Nele se transcrevem os detalhes dos trabalhos realizados, bem como as conclusões a que foi possível chegar, respondendo-se, então, às perguntas da Justiça.

Embora possa variar em seus detalhes, existe uma forma consagrada de laudo, que contempla os seguintes itens: *preâmbulo, identificação, quesitos, histórico, descrição, discussão, conclusão e resposta aos quesitos*, os quais são explicados a seguir:

1. **Preâmbulo** – Primeira informação contida no laudo, onde se apresenta o especialista responsável por sua realização, com nome, formação e, eventualmente, títulos que corroborem sua especialidade. Além disso, desde logo se informa quem é a autoridade requisitante, qual o propósito da perícia e os dados sobre data e local de sua realização, bem como as pessoas que estavam presentes.

2. **Identificação** – Eventualmente os dados do periciado podem ser incluídos no preâmbulo. Mas como é comum ser necessário introduzir vários dados – como nome, estado civil, data de nascimento, idade, escolaridade, profissão, documento de identificação, endereço –, é útil manter esse item à parte.

3. **Quesitos** – É muito comum os laudos não trazerem a transcrição dos quesitos à que irão responder, havendo apenas as respostas diretas do perito. É desnecessário dizer que isso dificulta grandemente a compreensão do documento – quem o ler precisará localizar em outro lugar do processo quais as perguntas

feitas. Embora não seja obrigatório, é muito útil transcrever, logo depois da identificação, quais as perguntas que foram apresentadas ao perito.
4. **Histórico** – Transcrição do relato do periciando, das pessoas entrevistadas, bem como de informações obtidas em documentos ou quaisquer outras fontes oficialmente consultadas. É papel do perito escrever uma história coerente, coligindo os dados relevantes obtidos (e filtrando os irrelevantes) em uma narrativa que faça sentido e permita posteriormente a construção de hipóteses diagnósticas embasadas e as suas consequências legais.
5. **Descrição** – Nesse ponto o perito relata exatamente o que viu. Em Medicina Legal chama-se *visum et repertum* (ver e repetir), já que o objetivo é relatar o que foi observado diretamente pelo perito. No caso da Psiquiatria Forense, em geral, relata-se aqui o exame psíquico atual. Evidentemente não se pode examinar diretamente estados mentais pretéritos, mas, assim como na Psiquiatria Clínica, a semiologia atual permite fazer inferência sobre condições psíquicas passadas e prognosticar evoluções. Embora a partir de prontuários, documentos e relatos seja possível inferir quadros anteriores, propomos que isso seja deixado claro, já que não existe a possibilidade de examinar um estado psíquico que não se vê – embora ainda se possa descrevê-lo a partir de fontes indiretas.
6. **Discussão** – Se no histórico foram levantados os dados e na descrição foram coligidos os sinais psíquicos, é na discussão que esses dados devem ser transformados em informações. Aqui o perito articula essas fontes entre si e com conhecimento médico, preparando-se para oferecer a conclusão de seu laudo, oferecendo as respostas devidas. Costumamos dizer que, enquanto *a descrição é o "coração do laudo", a discussão é o seu cérebro*, dada a importância do trabalho intelectual e mesmo acadêmico empreendido aqui.
7. **Conclusão** – Afirmação direta da ausência ou da presença de doença, qual é ela (preferencialmente codificada pela *Classificação internacional de doenças* [CID], adotada oficialmente no País), endereçando especificamente a dúvida apresentada pela Justiça.

8. **Resposta aos quesitos** – Os quesitos servem para que o perito não deixe de contemplar aspectos que as partes consideram importantes. Não é inesperado, contudo, que estes já tenham sido abordados ao longo do laudo. As respostas aos quesitos podem, então, limitar-se a sim ou não sempre que possível, remetendo aos itens do laudo que tratem delas mais profundamente, com frases como "vide discussão", "vide histórico", etc.

DIREITO CRIMINAL

O Direito Criminal é, indubitavelmente, a área na qual a atuação do psiquiatra forense mais mobiliza a sociedade, quer pelo caráter agressivo dos crimes que necessitam de tal avaliação, quer pela polêmica levantada quando um criminoso é dado como inimputável ou quando um assassino é liberado de uma medida de segurança.

Ainda mais do que os atos dolosos na vida civil, os crimes ferem o pacto social mais elementar, quebrando as bases que possibilitam a própria formação de um grupamento social. Não por acaso existe uma corrente em Filosofia do Direito que diz serem as normas legais o "mínimo ético" de um povo – aos cidadãos seria facultado agir segundo valores maiores, mas jamais menores do que os prescritos nos códigos. Como tudo que traz Filosofia no nome, esse ponto de vista não é destituído de controvérsia, uma vez que a história nos dá exemplos de comportamentos que hoje encaramos como antiéticos, mas que encontravam amplo amparo legal. Delegar ao sistema judiciário o crivo do que é ético nem sempre satisfará os critérios do que realmente o é.

Ocorre que a designação "criminoso" não é descritiva da pessoa, mas apenas e tão somente de seu ato: criminoso é aquele que infringiu alguma regra previamente adotada pela sociedade e constante no Código Penal,[7] uma vez que, em seu artigo primeiro, ele mesmo assevera:

Art. 1º – Não há crime sem lei anterior que o defina. Não há pena sem prévia cominação legal.

Ser criminoso, portanto, *per se* não se reveste de um significado psíquico *a priori*, pois, como vimos, já se vão mais de 100 anos desde que o crime deixou de ser considerado sintoma de "insanidade moral". Logo após delimitar os parâmetros da aplicação da lei penal e definir o que é crime, o Código Penal[7] afirma:

> **Art. 26** – É isento de pena o agente que, por doença mental ou desenvolvimento mental incompleto ou retardado, era, ao tempo da ação ou da omissão, inteiramente incapaz de entender o caráter ilícito do fato ou de determinar-se de acordo com esse entendimento.

O legislador entendeu que existem pessoas que quebram as normas estabelecidas pela sociedade, mas o fazem:

- Sem entender o que estão fazendo, e/ou
- Sem controle sobre seus atos.

Essas pessoas são consideradas inimputáveis, ficando isentas de pena. É importante frisar a isenção de apenamento, pois, ao isentá-las, entende-se que sobre elas não deve pesar a mão da lei para punir, cabendo ao Estado tão somente tratá-las, já que são doentes. Sendo assim, o processo é suspenso e instaura-se a medida de segurança.

Antes de entrarmos nos seus detalhes é preciso completar a exposição sobre o artigo 26 do Código Penal,[7] que em seu parágrafo único diz:

> A pena pode ser reduzida de um a dois terços, se o agente, em virtude de perturbação de saúde mental ou por desenvolvimento mental incompleto ou retardado não era inteiramente capaz de entender o caráter ilícito do fato ou de determinar-se de acordo com esse entendimento.

Se no corpo do artigo estavam definidos os inimputáveis, neste parágrafo define-se a um tanto polêmica figura dos semi-imputáveis. Polêmica porque nem todos concordam com a ideia, expressa literalmente, de que a pessoa pode não ser inteiramente capaz de entender ou de se controlar; para os críticos do conceito, ou a pessoa é capaz ou não é. Nos casos limítrofes, a opção seria pela inimputabilidade, se a pessoa fosse quase inteiramente incapaz, ou pela imputabilidade, se a pessoa fosse quase inteiramente capaz. Por sua vez, há muitos que defendem a figura da semi-imputabilidade, pois existem pessoas com transtornos psiquiátricos que, por exemplo, entendem o que estão fazendo, mas não conseguem se controlar totalmente; ou não entendem totalmente; para elas caberia, sim, uma pena abrandada segundo os defensores da semi-imputabilidade. Mas nesses casos, além da redução da pena, é facultado ao juiz, em vez de diminuí-la, substituí-la por tratamento compulsório:

> **Art. 98** – Na hipótese do parágrafo único do art. 26 deste Código e necessitando o condenado de especial tratamento curativo, a pena privativa de liberdade pode ser substituída pela internação, ou tratamento ambulatorial, pelo prazo mínimo de 1 (um) a 3 (três) anos [...].[7]

No entender da lei, portanto, a semi-imputabilidade (parágrafo único do art. 26) pode se dar, por doença mental, em razão de:

- **Motivo incurável** – Nesse caso, quando não há tratamento possível, a pena é abrandada.

- **Doença tratável** – Aqui, a possibilidade de extinguir a causa que deu ensejo ao delito pode levar o juiz a determinar o tratamento médico, quer em regime ambulatorial, quer de internação.

O tratamento ambulatorial pode também ser determinado caso a pessoa seja inimputável e o crime cometido não seja punível com reclusão, mas com detenção. A diferença entre ambas é expressa no Código Penal:[7]

> **Art. 33** – A pena de reclusão deve ser cumprida em regime fechado, semiaberto ou aberto. A de detenção, em regime semiaberto, ou aberto, salvo necessidade de transferência a regime fechado.

Quando existem essas possibilidades – imputabilidade, inimputabilidade ou semi-imputabilidade –, ou seja, quando pairam dúvidas sobre a saúde psíquica do acusado, uma perícia deve ser determinada, que, nesse caso, se constituirá de um exame psiquiátrico-forense, conforme o Código de Processo Penal:[8]

> **Art. 149** – Quando houver dúvida sobre a integridade mental do acusado, o juiz ordenará, de ofício ou a requerimento do Ministério Público, do defensor, do curador, do ascendente, descendente, irmão ou cônjuge do acusado, seja este submetido a exame médico-legal.

Até o ano de 2008, o artigo 159 dizia que o exame deveria sempre ser realizado por dois peritos no Direito Penal. Tal expediente, a rigor, era letra morta, pois, via de regra, apenas um médico atuava na prática, e sua redação foi modificada:

> **Art. 159** – O exame de corpo de delito e outras perícias serão realizados por perito oficial, portador de diploma de curso superior.

Em sua nova versão, o artigo incluiu oficialmente no Direito Penal a figura do assistente técnico.

> § 3º Serão facultadas ao Ministério Público, ao assistente de acusação, ao ofendido, ao querelante e ao acusado a formulação de quesitos e indicação de assistente técnico.
> § 4º O assistente técnico atuará a partir de sua admissão pelo juiz e após a conclusão dos exames e elaboração do laudo pelos peritos oficiais, sendo as partes intimadas desta decisão.[8]

Se o perito faz as vezes dos olhos da Justiça, traduzindo para o juiz o conhecimento médico relevante para o esclarecimento da causa da forma mais imparcial possível, o assistente técnico é contratado pelas partes envolvidas para auxiliá-las. Ele pode elaborar quesitos – ou seja, propor perguntas a que o perito deverá responder – e posteriormente apresentar seus pareceres ao laudo pericial. Embora não esteja explicitamente previsto na lei, na prática não é infrequente que o assistente técnico acompanhe a realização da perícia, sobretudo no caso da Psiquiatria em que a perícia é dinâmica, consistindo principalmente em uma entrevista psiquiátrica.

O juiz, contudo, sendo ele a figura do Estado, tem autonomia para julgar conforme seu entendimento, não devendo obrigatoriamente seguir o laudo psiquiátrico, conforme o Código de Processo Penal[8] diz:

> **Art. 182** – O juiz não ficará adstrito ao laudo, podendo aceitá-lo ou rejeitá-lo, no todo ou em parte.

A expressão clássica *iudex est peritus peritorum*, isto é, o juiz é o perito dos peritos, em princípio pode soar como uma usurpação do saber científico, já que o psiquiatra tecnicamente domina o conhecimento sobre sanidade e doença mental mais do que o juiz. Esse expediente, não obstante, é de vital importância para o adequado funcionamento do Direito, porque o laudo pericial é apenas uma das provas que podem constar em um processo, e é o juiz, e não o perito, que tem acesso a todas elas, devendo formar sua convicção de todo o conjunto. Além disso, se assim não fosse, correríamos o risco de voltar ao cenário do século XIX, quando o papel dos médicos se confundiu com o dos magistrados. Relevante é dizer que, apesar dessa prerrogativa, geralmente os juízes acompanham o laudo dos peritos; mormente por serem especialistas de sua confiança ou com notório saber, já que, se não houver peritos oficiais, "o exame será realizado por duas pessoas idôneas, portadoras de diploma de curso superior, escolhidas, de preferência, entre as que tiverem habilitação técnica relacionada à natureza do exame" (Art. 159, § 1º).[8]

Verificada a presença de doença mental que tenha interferido de alguma maneira com a ocorrência do crime, instaura-se uma medida de segurança. Como já citamos suas modalidades, vale transcrever o artigo:

> **Art. 96** – As medidas de segurança são:
> I - Internação em hospital de custódia e tratamento psiquiátrico ou, à falta, em outro estabelecimento adequado;
> II - sujeição a tratamento ambulatorial.[8]

Os hospitais de custódia e tratamento, antigamente denominados manicômios judiciários, são instalações que, no Brasil, ficam sob a gestão das Secretarias de Administração Penitenciária, e mesclam características hospitalares com prisionais, por receberem doentes que cometeram crimes. Como nem sempre há hospitais de custódia na região ou próximos, o juiz pode ainda optar por determinar a internação no aparelho hospitalar que julgar mais adequado para o tratamento em questão. Caso o laudo indique e o juiz concorde que a pessoa já não representa perigo iminente para si ou para os outros, mas ainda assim necessita de tratamento, pode determinar que ela submeta-se a tratamento ambulatorial. Nos dois casos, a responsabilidade da Justiça persiste enquanto durar o que ela entender por "periculosidade", ou seja, o risco aumentado de, em função da doença, a pessoa vir a delinquir. Há um interessante debate que pode ser travado aqui, uma vez que, quando o sujeito, já medicado, tem seus sintomas controlados, ele já não apresenta o mesmo perigo que antes, podendo conviver normalmente na sociedade. Há quem defenda que nesse momento a medida de segurança deveria ser extinta. Tem sentido se entendermos "periculosidade" como o risco de alguém cometer crimes em função de sintomas presentes. No entanto, com o fim da medida de segurança, a Justiça não mais obrigaria a pessoa a se tratar, ficando a manutenção ou não do tratamento facultada a ela. Em se tratando de uma doença crônica, como o são a maioria das psicoses, contudo, o risco da descontinuação dos medicamentos é grande, com consequente recaída dos sintomas e risco de novos crimes. Desse ponto de vista o sujeito continua com alguma "periculosidade", pois sem tratamento compulsório seu risco volta a crescer. Nesses casos dizemos que as pessoas só não são mais perigosas (não representam riscos iminentes) justamente porque são legalmente perigosas (ou seja, obrigadas a se tratar).

Os prazos são expressos nos parágrafos do artigo que define a medida de segurança:

> **Art. 97** – Se o agente for inimputável, o juiz determinará sua internação (art. 26). Se, todavia, o fato previsto como crime for punível com detenção, poderá o juiz submetê-lo a tratamento ambulatorial.
>
> § 1º – A internação, ou tratamento ambulatorial, será por tempo indeterminado, perdurando enquanto não for averiguada, mediante perícia médica, a cessação de periculosidade. O prazo mínimo deverá ser de 1 (um) a 3 (três) anos.
>
> § 2º – A perícia médica realizar-se-á ao termo do prazo mínimo fixado e deverá ser repetida de ano em ano, ou a qualquer tempo, se o determinar o juiz da execução.[7]

Os prazos são um ponto sujeito a críticas, pois a lei determina que, independentemente da evolução clínica do doente, o prazo mínimo de medida será de um ano. Tal pode ser entendido à luz da época em que a lei foi criada, já que em 1940, data do atual Código Penal, a Psiquiatria não contava com os recursos farmacológicos de que hoje dispõe. Diante do atual arsenal terapêutico, no entanto, tais prazos tornam-se anacrônicos, pois muitos medicamentos controlam os sintomas em questão de semanas. Tais longos períodos remontam ao conceito de intervalo lúcido.

É preciso ter em mente que os medicamentos psiquiátricos modernos só começaram a ser desenvolvidos a partir de 1950, com a introdução da clorpromazina. Até então os recursos terapêuticos eram parcos, e em casos graves só restava ao médico internar e observar os pacientes. Foi nesse contexto que se forjou o conceito de intervalo lúcido, pois, sem remédio eficaz, só depois de muito tempo de sanidade sentia-se o médico confiante para falar em recuperação e tomar as devidas atitudes, como dar alta aos pacientes, por exemplo. Isso tudo se alterou drasticamente com a introdução – relativamente recente se levarmos em conta a história da Psiquiatria – dos medicamentos antipsicóticos, que levaram a uma verdadeira revolução no tratamento psiquiátrico: estima-se que a clorpromazina sozinha tenha reduzido em 70% as populações dos manicômios. E aqui podemos perceber sem dificuldade que esses pacientes não teriam sido liberados em tão grande monta se, a despeito da eficácia do medicamento, os médicos se mantivessem engessados nos critérios temporais necessários para diagnosticar a recuperação dos doentes, levando milhares de pessoas a permanecerem internadas de forma desnecessária. Infelizmente ainda não ocorreu aos legisladores introduzir tal atualização no Código Penal, ignorando que o tratamento adequado pode mudar a história natural das doenças mentais.

Ainda assim existe uma possibilidade, prevista no Código de Processo Penal,[8] de encurtar tais prazos:

> **Art. 777** – Em qualquer tempo, *ainda durante o prazo mínimo* de duração da medida de segurança, poderá o tribunal, câmara ou turma, a requerimento do Ministério Público ou do interessado, seu defensor ou curador, ordenar o exame, para a verificação da cessação da periculosidade. [Grifo meu].

É necessário, portanto, que alguém intervenha a favor do internado para que, deferido o exame pelo juiz, seja averiguada a cessação de periculosidade.

O psiquiatra forense também é chamado a atuar quando o criminoso, **após** cometer o ato ilícito, desenvolve algum transtorno mental. Seu papel será o de determinar, ou não, o que o Código Penal[7] chama de superveniência de doença mental, pois a presença de um diagnóstico psiquiátrico interfere tanto na pena privativa de liberdade:

> **Art. 41** – O condenado a quem sobrevém doença mental deve ser recolhido a hospital de custódia e tratamento psiquiátrico ou, à falta, a outro estabelecimento adequado.

quanto nas penas mais brandas:

> **Art. 52** – É suspensa a execução da pena de multa, se sobrevém ao condenado doença mental.[7]

O papel do perito é primordial nesses casos, já que é por meio de seu exame que fica determinada a presença do transtorno, definindo o caminho que sua sentença tomará:

> **Art. 682** – O sentenciado a que sobrevier doença mental, *verificada por perícia médica*, será internado em manicômio judiciário, ou, à falta, em outro estabelecimento adequado, onde lhe seja assegurada a custódia.
>
> § 1º – Em caso de urgência, o diretor do estabelecimento penal poderá determinar a remoção do sentenciado, comunicando imediatamente a providência ao juiz, que, *em face da perícia médica*, ratificará ou revogará a medida.
>
> § 2º – Se a internação se prolongar até o término do prazo restante da pena e não houver sido imposta medida de segurança detentiva, o indivíduo terá o destino aconselhado pela sua enfermidade, feita a devida comunicação ao juiz de incapazes.[8] [Grifos meus].

O parágrafo segundo é importante porque pode ocorrer de uma pessoa terminar de cumprir o tempo de sua pena enquanto estiver internada em um hospital. Como o tempo no hospital conta para o cumprimento da sentença, se o prazo acabar e a pessoa estiver internada, seu estado clínico é que definirá seu destino, ou seja, permanecerá internada dependendo de sua melhora.

Esse aspecto da duração da medida de segurança, que pode dar ensejo a discussões como essa com relação ao tratamento ambulatorial, pode revestir-se de uma complexidade ainda maior quando há necessidade de internação. O Código Penal é claro, no Artigo 97, ao dizer que a internação tem prazo indeterminado, durando enquanto não cessar a periculosidade. Esse é mais um dos pontos da lei que tem sentido à luz da época em que foi elaborada. Da mesma forma que a questão sobre o intervalo lúcido, pois em tempos pré-farmacológicos a possibilidade de melhora dos pacientes psicóticos era imprevisível. Para o legislador era patente que alguns pacientes passariam anos, talvez décadas, sofrendo com seus delírios, eventualmente se tornando perigosos em função deles. E apenas quando restasse comprovado que eles haviam cessado é que a periculosidade cessaria. O mesmo Código Penal,[7] no entanto, determina, no Artigo 75, que: "O tempo de cumprimento das penas privativas de liberdade não pode ser superior a 30 (trinta) anos".

O imbróglio surge porque a medida de segurança não deixa de ser uma forma de privação de liberdade, ao mesmo tempo em que não é exatamente uma pena, como o próprio Artigo 26 deixa claro ao dizer que "é isento de pena" o paciente que comete crime em função da doença.[7] Como não é raro que os pacientes em medida de segurança não recebam tratamentos adequados, ainda existem muitos que não melhoram no decorrer dos anos. Quando são avaliados em perícias de cessação de periculosidade, então, dificilmente terão o benefício da progressão, ficando, na prática, em prisão perpétua, o que afronta a Constituição Federal, que diz em seu Artigo 5º, inciso XLVII,[9] que não haverá penas "de caráter perpétuo".

É fácil compreender a contradição – por um lado, temos a condição clínica, motivadora do crime e ensejadora da medida de segurança, para a qual não se pode impor um prazo de melhora. Por outro, há o formalismo legal, que impede que as pessoas sejam mantidas privadas por mais de 30 anos. Em 2005, chamado a se manifestar sobre a questão, o Supremo Tribunal Federal[10] decidiu que "a medida de segurança fica jungida ao período máximo de 30 anos", resolvendo, em tese, o problema. Em tese porque essa decisão, por justa que seja, não trará melhora clínica aos pacientes que não forem medicados e tratados como deveriam. O que coloca em xeque o quão justo é liberar alguém que, após 30 anos de internação, ainda se mantiver sob influência de sintomas psicóticos. A solução mais justa, que se poderia pretender definitiva, seria garantir o melhor tratamento possível para os pacientes criminosos. Mesmo nos raros casos de esquizofrenia refratária, é muito difícil hoje em dia encontrar pacientes que não apresentem ao menos alguma melhora, o que, na maioria das vezes, é o que basta, se não para curá-los, ao menos para cessar a periculosidade iminente.

Um caso particular que suscita dúvidas é o dos pacientes com transtorno de personalidade antissocial grave e dos psicopatas, sujeitos cujo comportamento é marcado pela quebra de regras sociais, frequentemente cometendo crimes, maiores ou menores. Até hoje não há tratamento que reverta suas características fundamentais, como a superficialidade dos afetos, a insensibilidade, a frieza e a ausência de sofrimento empático. É comum questionar-se se eles não deveriam então ser submetidos a algum tipo de prisão perpétua, já que apresentam elevado risco de recorrência criminal em função de seu estado mental.

Aqui é fundamental novamente retomar a função precípua da Psiquiatria Forense, fazer a ponte entre a Psiquiatria e o Direito, traduzindo o conhecimento e estabelecendo a comunicação adequada entre as áreas. Lembremos que o Código Penal[7] diz que é isento de pena o paciente que, em função de sua doença, seja "inteiramente incapaz de entender o caráter ilícito do fato ou de determinar-se de acordo com esse entendimento". Ou, no caso do semi-imputável, a pena pode ser reduzida ou substituída se ele não for "inteiramente capaz de entender o caráter ilícito do fato ou de determinar-se de acordo com esse entendimento".[7] Ou seja, o transtorno mental só entra em jogo quando priva completamente, ou, no mínimo, quando prejudica muito seja o entendimento, seja o autocontrole. Voltando-nos para o conhecimento médico, então, vemos que, na maioria dos casos de transtorno de personalidade antissocial, por mais que haja alguma impulsividade, os crimes cometidos raramente são fruto de um descontrole do impulso – e menos ainda da falta de discernimento. Mesmo os psicopatas, que poderíamos classificar como mais graves em termos afetivos, geralmente cometem crimes sabendo que é errado, e de forma totalmente deliberada. Pode haver exceções, mas unindo o que diz a lei com o que se conhece desses quadros, fica claro que eles não justificam, em princípio, uma medida de segurança. Por mais que sejam uma ameaça contínua para a sociedade, não é papel do psiquiatra ser um agente de controle social. A forma mais adequada de lidar com tais pacientes, para cujo transtorno há poucos recursos, que não carecem de entendimento nem de autocontrole, e que provavelmente voltarão a delinquir, é um desafio, não só no Brasil, mas no mundo todo, e nenhum país equacionou totalmente a questão até hoje.

Um pouco mais bem resolvida no Brasil foi a questão da dependência química. Se o Código Penal já não ignorava que as drogas alteram o estado de consciência e o comportamento das pessoas, também deixava claro que beber ou se drogar nem sempre poderiam desculpar comportamentos criminosos:

> **Artigo 28** – Não excluem a imputabilidade penal:
> II – A embriaguez, voluntária ou culposa, pelo álcool ou substância de efeitos análogos.
>
> § 1º É isento de pena o agente que, por embriaguez completa, proveniente de caso fortuito ou força maior, era, ao tempo da ação ou da omissão, inteiramente incapaz de entender o caráter ilícito do fato ou de determinar-se de acordo com esse entendimento.
>
> § 2º A pena pode ser reduzida de um a dois terços, se o agente, por embriaguez, proveniente de caso fortuito ou força maior, não possuía, ao tempo da ação ou da omissão, plena capacidade de entender o caráter ilícito do fato ou de determinar-se de acordo com esse entendimento.[7]

O Direito costuma atribuir a caso fortuito um caráter acidental, ao passo que *força maior* seria uma condição causada pelo homem. Nesses casos, se da intoxicação involuntária resulta perda ou prejuízo de discernimento ou autocontrole, a lei segue os mesmos caminhos determinados no Artigo 26. Já se a intoxicação é voluntária – quando a pessoa usa a substância propositalmente para modificar seu estado de consciência – ou mesmo quando é culposa – se a pessoa não queria se embriagar (mas obviamente sabia que poderia acontecer), não se exclui a ilicitude de seu crime. Restava em aberto, contudo, a questão dos dependentes químicos. Nos casos em que eles se intoxicam a ponto de perder o controle, poderiam ser apenados, se fosse considerada a ingestão voluntária. A lei adota o conceito de *"actio libera in causa"*: quando a ação é livre, nós somos responsáveis por suas consequências – então, quem livremente decide beber ou se drogar, é responsável pelo quadro clínico que venha a se instalar. Mas, se se trata de um dependente de fato, a Medicina hoje compreende que a ele falta justamente a capacidade de não beber, o que poderia conferir a seu estado um caráter involuntário. Sua ação não seria livre. Tais conceitos, contudo, não estão claros no artigo.

Esse foi o entendimento adotado na mais moderna Lei de Tóxicos (11.343/06),[11] promulgada em 2006. Segundo o Artigo 45:

> É isento de pena o agente que, em razão da dependência, ou sob o efeito, proveniente de caso fortuito ou força maior, de droga, era, ao tempo da ação ou da omissão, qualquer que tenha sido a infração penal praticada, inteiramente incapaz de entender o caráter ilícito do fato ou de determinar-se de acordo com esse entendimento.
>
> Parágrafo único. Quando absolver o agente, reconhecendo, por força pericial, que este apresentava, à época do fato previsto neste artigo, as condições referidas no caput deste artigo, poderá determinar o juiz, na sentença, o seu encaminhamento para tratamento médico adequado.

Aqui fica explícita a ideia de que a dependência pode determinar alteração patológica dos comportamentos. No entanto, não basta que a pessoa seja dependente. É necessário que a dependência por si mesma, ou a intoxicação dela decorrente, suprima o entendimento ou o autocontrole. Se tal for o caso, qualquer que seja o crime (até mesmo tráfico), torna-se isento de pena. Sendo essa a suspeita, a perícia deve ser determinada, e, se comprovada a dependência, o juízo pode determinar o tratamento. Analogamente ao Artigo 26 do Código Penal, a Lei de Tóxicos[11] também traz a previsão de semi-imputabilidade:

> **Art. 46** – As penas podem ser reduzidas de um terço a dois terços se, por força das circunstâncias previstas no art. 45 desta Lei, o agente não possuía, ao tempo da ação ou da omissão, a plena capacidade de entender o caráter ilícito do fato ou de determinar-se de acordo com esse entendimento.

Embora essa lei não trate especificamente do álcool, não parece razoável tratá-lo de forma diferente no que diz respeito à capacidade tanto de gerar dependência como de alterar o comportamento. Até porque o parágrafo único do primeiro artigo da Lei de Tóxicos[11] diz que "consideram-se como drogas as substâncias ou os produtos capazes de causar dependência, assim especificados em lei ou relacionados em listas atualizadas periodicamente pelo Poder Executivo da União", explicação que – independentemente da lista até hoje não atualizada – descreve muito bem o álcool.

Avaliação das vítimas

Além de determinar as condições de saúde mental do condenado, é de grande importância levar em consideração a presença ou a ausência de doenças mentais nas vítimas. Afinal, a sociedade entende que a pessoa com doença mental merece um tratamento diferenciado, tanto quando é agente como quando é vítima, e de fato existe uma série de artigos no Código Penal que fazem menção a esse fato – induzir ou praticar o aborto, aliciar para emigração, abusar dos direitos –, todas são atitudes ilícitas cujas penas são agravadas se a vítima apresenta algum transtorno mental que prejudique seu discernimento. Da mesma forma, considera-se crime (Estupro de vulnerável) manter relações sexuais com pacientes a quem falte o adequado discernimento, conforme o Código Penal:[7]

> **Art. 217-A.** Ter conjunção carnal ou praticar outro ato libidinoso com menor de 14 (catorze) anos:
> Pena – reclusão, de 8 (oito) a 15 (quinze) anos.
> § 1º. Incorre na mesma pena quem pratica as ações descritas no caput com alguém que, por enfermidade ou deficiência mental, não tem o necessário discernimento para a prática do ato, ou que, por qualquer outra causa, não pode oferecer resistência.

Aqui não importam indícios de violência, agressividade ou fraude – do fato de a pessoa não poder consentir adequadamente, dada sua condição, presume-se que se trata de uma forma de violência.

Para resumir tudo o que foi dito até aqui, consideremos um caso fictício, mas baseado na realidade do sistema judiciário brasileiro.

O Sr. José da Silva, de 23 anos, é levado à Delegacia de Polícia de sua região acusado de assassinar seu vizinho. Suas declarações são estranhas, alegando que "tinha que fazer", que "eles estavam me ameaçando se eu não fizesse", entremeada com frases sem muita lógica. Nesse momento o processo é suspenso e instaura-se um Incidente de Insanidade Mental, quando a saúde mental do réu é questionada e a perícia é sugerida pelo promotor, advogado, delegado ou representante do réu e deferida pelo juiz, se não por ele mesmo determinada. Feito o exame médico-psiquiátrico no Sr. José, é constatado que ele sofre de alucinações auditivas, ouvindo vozes ameaçadoras que ordenavam que matasse seu vizinho, caso contrário ele e sua família seriam mortos, além de apresentar delírios de estar sendo constantemente perseguido e vigiado. O juiz julga conforme o laudo e determina a inimputabilidade do Sr. José, pois, apesar de ele saber que matar é errado, acreditava estar agindo em legítima defesa e em defesa de sua família – ideia delirante em razão de sua doença. Aplica-se a medida de segurança e ele é internado em um hospital de custódia e tratamento. Após três semanas tomando medicações, no entanto, a família percebe que ele está bem melhor, fato confirmado pelos médicos. O advogado então solicita nova perícia, expondo ao juiz as razões de tal pedido, e o magistrado defere sua realização. Os peritos percebem que o quadro delirante e alucinatório encontra-se de fato remitido, e que, em se mantendo o tratamento, a periculosidade está cessada. O juiz pode assim extinguir a medida e liberar o Sr. José.

Dadas as discrepâncias entre o Direito e a Medicina, contudo, alguns pontos ficam abertos: para a Justiça, o tratamento é compulsório enquanto houver periculosidade. Cessar a periculosidade, para o juiz, significa que a Justiça não mais se ocupará do caso findo o prazo de um ano – o Código Penal[7] traz a salvaguarda de que "a desinternação, ou a liberação, será sempre condicional devendo ser restabelecida a situação anterior se o agente, antes do decurso de 1 (um) ano, pratica fato indicativo de persistência de sua periculosidade" (Art. 97, §3). Para os médicos, no entanto, uma vez que os sintomas tenham sido controlados, a periculosidade cessou – ou reduziu bastante, já que nunca se pode ter total certeza sobre o futuro – mas não significa que a necessidade de tratamento esteja extinta; ao contrário, pode ser justamente por estar contando com o tratamento continuado que os peritos entendem que a periculosidade está sob controle – a responsabilidade da Justiça seria, agora, manter o tratamento. Detalhes como esses, que jazem escondidos entre as sutis diferenças existentes entre o Direito e a Medicina, são de fundamental importância na atuação do psiquiatra forense, pois seu trabalho é justamente fazer a tradução entre as linguagens médica e jurídica.

DIREITO CIVIL

O Direito Civil estabelece os parâmetros que regem as relações jurídicas entre particulares, sejam pessoas físicas ou jurídicas. Devido à complexidade e às necessidades especiais que envolvem muitas dessas relações, o Direito Civil apresenta diversos ramos, como o Direito de Família, o Direito de Sucessões, o Direito Comercial, o do Trabalho, por exemplo. Como é o ramo que lida com as normas de convívio e as relações entre particulares, faz parte da grande subdivisão de Direito Privado (em oposição ao Direito Público, o qual contém os Direitos Penal, Tributário, Constitucional, entre outros), estabelecendo direitos, deveres e limites para a forma como as pessoas se relacionam, quer seja no tocante a propriedade, família e sucessão, quer seja em intercâmbios comerciais, contratos, etc. Ao lidar com as relações interpessoais, portanto, antes de qualquer coisa, o Código Civil[12] brasileiro estabelece que:

> **Art. 1º** Toda pessoa é capaz de direitos e deveres na ordem civil.

E vai além, definindo que:

> **Art. 2º** A personalidade civil da pessoa começa do nascimento com vida; mas a lei põe a salvo, desde a concepção, os direitos do nascituro.

Ou seja, antes de estabelecer os padrões de relacionamento entre as pessoas, deixa claro que todas elas estarão sujeitas a normas, mesmo previamente ao nascimento.

Ciente, também, da premissa de que algumas pessoas precisam ser encaradas de forma diferenciada pela lei, dado que têm necessidades especiais, logo em seguida o Código Civil estabelece que:

> **Art. 3º** São absolutamente incapazes de exercer pessoalmente os atos da vida civil os menores de dezesseis anos[12]

E ainda:

> **Art. 4º** São incapazes, relativamente a certos atos ou à maneira de os exercer:
> I - os maiores de dezesseis e menores de dezoito anos;
> II - os ébrios habituais e os viciados em tóxico;
> III - aqueles que, por causa transitória ou permanente, não puderem exprimir sua vontade;
> IV - os pródigos.[12]

Assim, tanto no artigo 3º como no 4º ficam protegidos os que têm discernimento prejudicado. Distinguem-se aqueles que não têm discernimento necessário para a prática dos atos da vida civil, e que por isso são considerados absolutamente incapazes, dos que têm o discernimento reduzido ou parcial, sendo então estes relativamente incapazes.

Notemos que, dos cinco critérios, somados os dois artigos, apenas um explicitamente faz referência à saúde mental. O critério de idade é numérico, e independe da maturidade psíquica do indivíduo – presume-se que os menores de 18 anos não têm todo o discernimento desenvolvido. Já a prodigalidade é um critério jurídico, não médico. Pródigo, como o filho descrito na parábola bíblica, é aquele que esbanja dinheiro, dilapidando o patrimônio da família e levando-a à bancarrota. O gasto excessivo pode até ser sintoma de algum transtorno psiquiátrico, mas, nesse caso, à pessoa não falta discernimento em razão de um transtorno mental, sendo enquadrada de outra forma perante a lei. Tal distinção é fundamental quando se está diante dos casos, pois se corre o risco de afirmar como doente uma pessoa sã. De acordo com a lei atual, apenas os dependentes químicos estariam formalmente enquadrados como passíveis de interdição. Os outros transtornos mentais não mais figuram de forma explícita.

Essas mudanças ocorreram a partir do ano de 2015, com a promulgação do Estatuto da Pessoa com Deficiência (Lei 13.146/15), quando o Código Civil passou por algumas transformações importantes. Até então a lei dizia serem absolutamente incapazes tanto "os que, por enfermidade ou deficiência mental, não tiverem o necessário discernimento para a prática desses atos"[12] como também "os que, mesmo por causa transitória, não puderem exprimir sua vontade".[12] Adotando uma postura mais protetiva, determinava que quando o discernimento faltasse, fosse por enfermidade ou deficiência, fosse por outra causa transitória, as pessoas não deveriam ser consideradas capazes. Além disso, entre os relativamente incapazes incluíam-se, seguindo a mesma lógica, "os que, por deficiência mental, tenham o discernimento reduzido" e "os excepcionais, sem desenvolvimento mental completo".[12]

Cabia, então, ao psiquiatra dizer se "por enfermidade ou deficiência mental" a pessoa não possui "necessário discernimento para a prática" dos atos da vida civil.[12]

O Estatuto da Pessoa com Deficiência surgiu com a meritória intenção de conferir dignidade às pessoas com deficiências diversas, inclusive mentais, aumentando sua autonomia. Com tal intuito, aboliu a interdição total, determinando que, quando houver necessidade de interdição de algum direito, que os limites sejam claramente estabelecidos em função das potencialidades da pessoa, como passou a constar no Código Civil:[12]

> **Art. 1.772** – O juiz determinará, segundo as potencialidades da pessoa, os limites da curatela, circunscritos às restrições constantes do art. 1.782, e indicará curador.

De fato, esse expediente é teoricamente mais justo, haja vista que as potencialidades variam muito de paciente para paciente. Mas, ao excluir da redação legal os outros transtornos mentais, na prática esse artigo por vezes se torna letra morta. Como sabe quem lida com pacientes, não é raro que as perícias sobre interdição sejam feitas em pessoas com demências avançadas, retardo mental grave, quadros psicóticos crônicos, nos quais os prejuízos às funções mentais são tantos e tão importantes que sua incapacidade é óbvia, sendo até mesmo contraproducente – quando não impossível – enumerar um a um os atos de vida civil para os quais se encontram incapacitados. Na verdade, se quisermos manter sua dignidade e proteção, independentemente dos termos da lei essas pessoas terão todas as decisões mediadas por um curador, já que a validade de qualquer ato jurídico depende da capacidade da pessoa, conforme o artigo:

> **Art. 104.** A validade do negócio jurídico requer:
> I - agente capaz[12]

As pessoas cuja capacidade não é total, então, devem ser interditadas e, por não poderem exercer pessoalmente atos da vida civil, receber um curador nomeado pelo juiz, que exercerá tais atos em seu lugar. O curador deve ser, em ordem: cônjuge ou companheiro, não separado judicialmente; o pai ou a mãe; o descendente mais próximo e que se demonstrar mais apto; na eventual ausência destes, fica a critério do juiz a escolha do curador. Como os limites da curatela devem ser estipulados pelo juiz, a perícia psiquiátrica é fundamental para lançar as bases de tais limites – por exemplo, a um adulto com retardo mental leve, que tem noção de dinheiro, pode ser permitido fazer atos de compra e venda de pequena monta, até um determinado valor preestabelecido, acima do qual é necessária a intervenção do curador. Com base nas causas de incapacidade, o Código Civil[12] elenca quem, quando interditado, deve necessariamente ter um curador:

> **Art. 1.767.** Estão sujeitos a curatela:
> I - aqueles que, por causa transitória ou permanente, não puderem exprimir sua vontade;
> II - os ébrios habituais e os viciados em tóxico;
> III - os pródigos.

Novamente vemos que pacientes com quadros psicóticos, demenciais, retardos, não estão contemplados formalmente. Aqui apenas os ébrios habituais e os viciados em tóxico dependeriam da avaliação psiquiátrica. Na prática, é possível que pacientes psiquiátricos graves sejam interditados de acordo com o inciso I, equivalente ao inciso III do artigo 4º do Código

Civil,[12] que faz menção às pessoas que "por causa transitória ou permanente, não puderem exprimir sua vontade". Quem atua em saúde mental sabe que em vários casos graves o que falta aos pacientes é justamente a capacidade de expressar sua vontade. Por mais que se queira valorizar a autonomia das pessoas, não é responsável nem justo – sequer humano – deixar que pacientes bipolares em mania se desfaçam de seus patrimônios, ou que pacientes demenciados graves decidam sobre sua herança, tampouco que pacientes psicóticos sem crítica determinem os caminhos de seu tratamento. Esse é outro aspecto do Estatuto da Pessoa com Deficiência que não encontra plena aplicação na prática. A lei diz que:

> **Art. 85.** A curatela afetará tão somente os atos relacionados aos direitos de natureza patrimonial e negocial.
> § 1º. A definição da curatela não alcança o direito ao próprio corpo, à sexualidade, ao matrimônio, à privacidade, à educação, à saúde, ao trabalho e ao voto.[13]

Imbuído da boa intenção de salvaguardar os pacientes de ingerências indevidas sobre suas decisões, o Estatuto acaba por expô-los a riscos maiores. Só para ficar em alguns exemplos, não é raro que pacientes com esquizofrenia paranoide acreditem que as medicações são venenos que os médicos, em conluio com os familiares que os estão perseguindo, injetam neles para matá-los. Seria, no mínimo, negligência limitar a curatela aos atos de natureza negocial ou patrimonial, deixando a pessoa à mercê de seus delírios para decidir não se tratar. Outra contradição flagrante surge do fato de a curatela não alcançar o direito ao próprio corpo e à sexualidade. Como vimos no capítulo sobre Direito Penal, trata-se de crime de estupro de vulnerável ter relações sexuais com quem, "por enfermidade ou deficiência mental, não tem o necessário discernimento para a prática do ato" (Art. 217-A, § 1º).[7] Imagine alguém com retardo mental moderado, cuja capacidade intelectual assemelha-se a de uma criança entre 6 e 9 anos. É sabido que muitas, se não a maioria, dessas pessoas, com estímulo adequado, pode adquirir alguma independência na vida prática, conseguindo cuidar de suas necessidades básicas e obter habilidades suficientes para uma boa comunicação – não diferente de crianças nessa faixa etária. Mas ainda usando essa idade cronológica como parâmetro, praticamente nenhum país do mundo permite que pessoas tão novas consintam com relações sexuais. Daí ser considerado estupro de vulnerável. Mas o Estatuto da Pessoa com Deficiência, da forma como está escrito, não permite que tais pacientes sejam impedidos de casar ou ter relações. Mesmo sendo crime manter com eles conjunção carnal ou outro ato libidinoso.

Não se negam os avanços instituídos pelo Estatuto da Pessoa com Deficiência. Ainda assim serão necessários ajustes, que devem ocorrer futuramente, uma vez que se trata de uma lei ainda bastante nova, que deve amadurecer ao ser confrontada com a prática, como sempre é o caso.

De qualquer forma, o fato de ter uma dessas condições pode estabelecer a incapacidade da pessoa, mas sua interdição não é automática, devendo ser requerida pelos pais ou tutores, pelo cônjuge ou por qualquer parente, ou, ainda, pelo Ministério Público, em caso de doença mental grave quando os familiares não existirem, forem incapazes ou não promoverem a necessária interdição. É interessante notar o cuidado da lei ao determinar que o juiz, antes de promulgar a interdição, deve examinar pessoalmente o indivíduo com a assistência de especialistas. Além disso, a lei estabelece que, se houver tratamento médico possível para a enfermidade que deu ensejo à interdição, é dever do curador prover tal tratamento.

As implicações da falta de discernimento podem dar lugar a ações de nulidade de ato jurídico, anulação de casamento, invalidade de testamentos e até mesmo de restituição de dinheiro perdido em jogo. A título de exemplo, vale transcrever os artigos do Código Civil[12] sobre tais casos:

Art. 1.860. Além dos incapazes, não podem testar os que, no ato de fazê-lo, não tiverem pleno discernimento.

Art. 1.550. É anulável o casamento:
IV – do incapaz de consentir ou manifestar, de modo inequívoco, o consentimento

> **Art. 814.** As dívidas de jogo ou de aposta não obrigam a pagamento; mas não se pode recobrar a quantia, que voluntariamente se pagou, salvo se [...] o perdente é menor ou interdito.

Das ações mais comuns em Direito Civil, as de anulação de testamento estão entre as mais difíceis em Psiquiatria Forense, já que geralmente são perícias retrospectivas após a morte de quem fez o testamento. O psiquiatra deve se fiar de documentos médicos, entrevistas com profissionais da saúde e com familiares dos dois lados da lide judicial para tentar aferir a capacidade do *"de cujus"* (falecido cujos bens estão em inventário) à época do testamento. A harmonia com desejos e instruções expressos em vida ou antes de um suposto adoecimento, a coerência entre as várias partes do testamento, a presença de influência imprópria sobre sua vontade durante o estado de doença podem, e devem, ser levadas em conta na contextualização dessas perícias.

Assim como no Direito Penal, vemos que, aqui também, para a lei não importa tanto apenas qual é o diagnóstico que a pessoa tenha; o importante são as consequências do transtorno, não o seu nome. Os casos precisam ser analisados individualmente com a seguinte questão em mente: "esse indivíduo carece de discernimento para exercer os atos da vida civil, total ou parcialmente, em razão desse transtorno, e em que grau?". Essa é a resposta que o psiquiatra precisa fornecer ao juiz para subsidiá-lo em sua decisão de interdição e de seus limites.

PERÍCIAS RELACIONADAS AO TRABALHO

Embora a Psiquiatria Forense tenha se notabilizado por sua atuação nos casos criminais, a verdade é que algumas das áreas que hoje mais necessitam do concurso do psiquiatra nada têm a ver com o crime, como é o caso do Direito do Trabalho. Nessa seara, em particular, alguns fatores vêm convergindo para isso:

- **A reforma do Poder Judiciário** – A Emenda Constitucional 45/2004, ao tratar da reforma do judiciário em geral, trouxe impactos significativos para a Justiça do Trabalho em particular; entre elas, a ampliação da competência dos tribunais trabalhistas, incorporando as ações de indenização por dano moral – que antes cabiam ao Direito Cível – vem fazendo com que uma avalanche de processos apresente alegação de quadros depressivos, ansiosos, de esgotamento, entre outros, em razão do trabalho, solicitando reparação por danos morais. Tem sido frequente a solicitação de perícias psiquiátricas para averiguar a veracidade de tais doenças.

- **Aumento da incidência de transtornos mentais** – Embora as causas não sejam certas, é notável o aumento dos casos de problemas psiquiátricos, que nunca tiveram tanta evidência como hoje em dia. Isso se deve em parte ao refinamento da capacidade diagnóstica, à maior atenção dos médicos e da população ao tema e até mesmo ao interesse da indústria farmacêutica; mas não se pode ignorar que as pessoas estão mais sujeitas ao adoecimento psíquico devido ao estilo de vida moderno. Naturalmente, com mais pessoas doentes, há mais trabalhadores doentes, elevando a relevância da questão no âmbito do trabalho e consequentemente dos processos trabalhistas.

- **Custo dos transtornos mentais** – Das 10 doenças que mais levam ao afastamento médico do trabalhador, nada menos do que metade se constitui por doenças psiquiátricas: depressão, esquizofrenia, transtorno bipolar, dependência alcoólica e transtorno obsessivo-compulsivo. O peso econômico que tais problemas acarretam é tal, que o seu custo foi estimado pela Organização Mundial da Saúde (OMS)[14] em cerca de 3 a 4% do produto interno bruto (PIB) dos países desenvolvidos. Doenças como depressão e ansiedade acarretam mais problemas com absentismo (faltas ao trabalho), infortunística (acidentes de trabalho), perda de produtividade do funcionário, motivos que têm sido cada vez mais causas de demissão. Quando isso ocorre, o trabalhador entra na Justiça contra o empregador, alegando ter desenvolvido a doença na empresa, levando à necessidade de perícia psiquiátrica.

- **Implementação do Nexo Técnico Epidemiológico pelo Instituto Nacional do Seguro Social (INSS)** – Estabelecido pelo decreto 6.042, em fevereiro de 2007, o Nexo Técnico Epidemiológico (NTEP) modificou em muito a forma de trabalho do INSS, sobretudo no que se refere ao estabelecimento de nexo causal entre o trabalho e o adoecimento. Com a nova metodologia, baseada em critérios epidemiológicos, o adoecimento do trabalhador pôde ser relacionado diretamente à atividade econômica em que trabalhava. Isso foi possível a partir do levantamento de concessões de benefícios por doenças codificadas na *Classificação internacional de doenças*, 10ª edição (CID-10), relacionando-as com o ramo da atividade segundo a Classificação Nacional de Atividade Econômica (CNAE). Criou-se, assim, uma lista de problemas ligados estatisticamente à atividade econômica, tornando mais fácil o reconhecimento do nexo. Tanto é assim que, um ano após a mudança da metodologia, as Comunicações de Acidente de Trabalho (CAT) relacionadas à Psiquiatria aumentaram mais de 1.000% no País.[15] Como os transtornos mentais são em regra de origem multifatorial, era muito mais difícil relacionar o adoecimento ao trabalho. A partir do NTEP, tal nexo ficou mais fácil, levando a essa explosão na demanda por perícias psiquiátricas previdenciárias.

Embora tratemos a seguir tanto do Direito Trabalhista como do Previdenciário, já que ambos se relacionam ao trabalho, é preciso ressaltar alguns aspectos que os diferenciam.

As perícias previdenciárias têm o objetivo de verificar se a pessoa está ou esteve realmente doente (e quando tal doença teve início), se essa doença pode ser relacionada ao seu trabalho ou à forma de exercê-lo, se deixou sequelas e se incapacita (e desde quando) total ou parcialmente para o trabalho, seja de forma transitória ou permanente. Tais respostas trarão como consequência a concessão ou não de benefícios para o trabalhador segurado, como licenças ou até aposentadoria. Já nas perícias trabalhistas, embora versem geralmente sobre os mesmos temas – a presença ou não de doenças, suas causas e consequências –, o objetivo é definir se o empregador tem alguma responsabilidade sobre o suposto adoecimento, o que tornaria o trabalhador passível de indenização.

Como nas outras áreas, é fundamental compreender que não basta haver doença para que haja incapacidade ou nexo causal. É comum que, uma vez confirmada a presença de um diagnóstico, os pacientes – ou periciandos – passem a automaticamente se acreditar portadores de direitos. Mas de maneira análoga ao que acontece tanto no Código Penal como no Civil, a doença mental só se torna relevante se exercer uma influência real no caso, seja tornando a pessoa incapaz para o trabalho, seja como clara consequência das atividades que ela realizava.

Para fins previdenciários, é preciso, assim que se estabelece haver uma doença, estipular se ela é ou não incapacitante, pois disso dependerá o afastamento por motivo de doença – período em que o trabalhador segurado (ou seja, aquele que contribui com o INSS) tem direito de não trabalhar e receber o benefício. Pode, contudo, o perito entender que seja, ao contrário, um acidente do trabalho. A Lei de Benefícios da Previdência Social (LBPS),[16] assim o define:

> **Art. 19.** Acidente do trabalho é o que ocorre pelo exercício do trabalho a serviço de empresa ou de empregador doméstico ou pelo exercício do trabalho dos segurados referidos no inciso VII do art. 11 desta Lei, provocando lesão corporal ou perturbação funcional que cause a morte ou a perda ou redução, permanente ou temporária, da capacidade para o trabalho.
> § 1º A empresa é responsável pela adoção e uso das medidas coletivas e individuais de proteção e segurança da saúde do trabalhador.
> § 2º Constitui contravenção penal, punível com multa, deixar a empresa de cumprir as normas de segurança e higiene do trabalho.
> § 3º É dever da empresa prestar informações pormenorizadas sobre os riscos da operação a executar e do produto a manipular.
> § 4º O Ministério do Trabalho e da Previdência Social fiscalizará e os sindicatos e entidades representativas de classe acompanharão o fiel cumprimento do disposto nos parágrafos anteriores, conforme dispuser o Regulamento.

A perícia psiquiátrica deverá, portanto, responder não apenas se há doença – que em Psiquiatria acaba sendo definida pela própria presença de perturbação funcional –, mas se ela ocorreu "pelo exercício do trabalho", já que pode ter ocorrido por outras muitas causas, e também se leva a "perda ou redução, permanente ou temporária, da capacidade para o trabalho". Ausente uma ou mais dessas condições, mesmo que o indivíduo esteja doente – e até incapaz – não se tratará de acidente de trabalho. A LBPS[16] detalha, ainda, quais as modalidades de acidente:

> **Art. 20.** Consideram-se acidente do trabalho, nos termos do artigo anterior, as seguintes entidades mórbidas:
> I - doença profissional, assim entendida a produzida ou desencadeada pelo exercício do trabalho peculiar a determinada atividade e constante da respectiva relação elaborada pelo Ministério do Trabalho e da Previdência Social;
> II - doença do trabalho, assim entendida a adquirida ou desencadeada em função de condições especiais em que o trabalho é realizado e com ele se relacione diretamente, constante da relação mencionada no inciso I.
> § 1º Não são consideradas como doença do trabalho:
> a. a doença degenerativa;
> b. a inerente a grupo etário;
> c. a que não produza incapacidade laborativa;
> d. a doença endêmica adquirida por segurado habitante de região em que ela se desenvolva, salvo comprovação de que é resultante de exposição ou contato direto determinado pela natureza do trabalho.
> § 2º Em caso excepcional, constatando-se que a doença não incluída na relação prevista nos incisos I e II deste artigo resultou das condições especiais em que o trabalho é executado e com ele se relaciona diretamente, a Previdência Social deve considerá-la acidente do trabalho.

Vemos que, embora a Previdência restrinja o que são acidentes de trabalho, deixa bastante margem para a avaliação caso a caso. Caso se trate de doença profissional, ou seja, ligada à profissão em si, inerente ao tipo de atividade que se espera desses profissionais, e esteja incluída na lista a seguir, elaborada pelo Ministério do Trabalho e Previdência Social, ela poderá ser considerada acidente.

DOENÇAS	AGENTES ETIOLÓGICOS OU FATORES DE RISCO DE NATUREZA OCUPACIONAL
I - Demência em outras doenças específicas classificadas em outros locais (F02.8)	1. Manganês (X49.-; Z57.5) (Quadro XV) 2. Substâncias asfixiantes: CO, H_2S, etc. (sequela) (X47.-; Z57.5) (Quadro XVII) 3. Sulfeto de Carbono (X49.-; Z57.5) (Quadro XIX)
II - *Delirium*, não sobreposto à demência, como descrita (F05.0)	1. Brometo de Metila (X46.-; Z57.4 e Z57.5) (Quadro XIII) 2. Sulfeto de Carbono (X49.-; Z57.5) (Quadro XIX)
III - Outros transtornos mentais decorrentes de lesão e disfunção cerebrais e de doença física (F06.-): transtorno cognitivo leve (F06.7)	1. Tolueno e outros solventes aromáticos neurotóxicos (X46.-; Z57.5) (Quadro III) 2. Chumbo ou seus compostos tóxicos (X49.-; Z57.5) (Quadro VIII) 3. Tricloroetileno, Tetracloroetileno, Tricloroetano e outros solventes orgânicos halogenados neurotóxicos (X46.-; Z57.5) (Quadro XIII) 4. Brometo de Metila (X46.-; Z57.4 e Z57.5) (Quadro XIII) 5. Manganês e seus compostos tóxicos (X49.-; Z57.5) (Quadro XV) 6. Mercúrio e seus compostos tóxicos (X49.-; Z57.4 e Z57.5) (Quadro XVI) 7. Sulfeto de Carbono (X49.-; Z57.5) (Quadro XIX) 8. Outros solventes orgânicos neurotóxicos (X46.-; X49.-; Z57.5)
IV - Transtornos de personalidade e de comportamento decorrentes de doença, lesão e de disfunção de personalidade (F07.-): Transtorno orgânico de personalidade (F07.0); Outros transtornos de personalidade e de comportamento decorrentes de doença, lesão ou disfunção cerebral (F07.8)	1. Tolueno e outros solventes aromáticos neurotóxicos (X46.-; Z57.5) (Quadro III) 2. Tricloroetileno, Tetracloroetileno, Tricloroetano e outros solventes orgânicos halogenados neurotóxicos (X46.-; Z57.5) (Quadro XIII) 3. Brometo de Metila (X46.-; Z57.4 e Z57.5) (Quadro XIII) 4. Manganês e seus compostos tóxicos (X49.-; Z57.5) (Quadro XV) 5. Mercúrio e seus compostos tóxicos (X49.-; Z57.4 e Z57.5) (Quadro XVI) 6. Sulfeto de Carbono (X49.-; Z57.5) (Quadro XIX) 7. Outros solventes orgânicos neurotóxicos (X46.-; X49.-; Z57.5)

DOENÇAS	AGENTES ETIOLÓGICOS OU FATORES DE RISCO DE NATUREZA OCUPACIONAL
V - Transtorno mental orgânico ou sintomático não especificado (F09.-)	1. Tolueno e outros solventes aromáticos neurotóxicos (X46.-; Z57.5) (Quadro III) 2. Tricloroetileno, Tetracloroetileno, Tricloroetano e outros solventes orgânicos halogenados neurotóxicos (X46.-; Z57.5) (Quadro XIII) 3. Brometo de Metila (X46.-; Z57.5) (Quadro XIII) 4. Manganês e seus compostos tóxicos (X49.-; Z57.5) (Quadro XV) 5. Mercúrio e seus compostos tóxicos (X49.-; Z57.4 e Z57.5) (Quadro XVI) 6. Sulfeto de Carbono (X49.-; Z57.5) (Quadro XIX) 7. Outros solventes orgânicos neurotóxicos (X46.-; X49.-; Z57.5)
VI - Transtornos mentais e comportamentais devidos ao uso do álcool: alcoolismo crônico (Relacionado com o trabalho) (F10.2)	1. Problemas relacionados com o emprego e com o desemprego: Condições difíceis de trabalho (Z56.5) 2. Circunstância relativa às condições de trabalho (Y96)
VII - Episódios depressivos (F32.-)	1. Tolueno e outros solventes aromáticos neurotóxicos (X46.-; Z57.5) (Quadro III) 2. Tricloroetileno, Tetracloroetileno, Tricloroetano e outros solventes orgânicos halogenados neurotóxicos (X46.-; Z57.5) (Quadro XIII) 3. Brometo de Metila (X46.-; Z57.4 e Z57.5) (Quadro XIII) 4. Manganês e seus compostos tóxicos (X49.-; Z57.5) (Quadro XV) 5. Mercúrio e seus compostos tóxicos (X49.-; Z57.4 e Z57.5) (Quadro XVI) 6. Sulfeto de Carbono (X49.-; Z57.5)(Quadro XIX) 7. Outros solventes orgânicos neurotóxicos (X46.-; X49.-; Z57.5)
VIII - Reações ao *stress* grave e transtornos de adaptação (F43.-): estado de *stress* pós--traumático (F43.1)	1. Outras dificuldades físicas e mentais relacionadas com o trabalho: reação após acidente do trabalho grave ou catastrófico, ou após assalto no trabalho (Z56.6) 2. Circunstância relativa às condições de trabalho (Y96)

DOENÇAS	AGENTES ETIOLÓGICOS OU FATORES DE RISCO DE NATUREZA OCUPACIONAL
IX - Neurastenia (inclui "síndrome de fadiga") (F48.0)	1. Tolueno e outros solventes aromáticos neurotóxicos (X46.-; Z57.5) (Quadro III) 2. Tricloroetileno, Tetracloroetileno, Tricloroetano e outros solventes orgânicos halogenados (X46.-; Z57.5) (Quadro XIII) 3. Brometo de Metila (X46.-; Z57.4 e Z57.5) (Quadro XIII) 4. Manganês e seus compostos tóxicos (X49.-; Z57.5) (Quadro XV) 5. Mercúrio e seus compostos tóxicos (X49.-; Z57.4 e Z57.5) (Quadro XVI) 6. Sulfeto de Carbono (X49.-; Z57.5) (Quadro XIX) 7. Outros solventes orgânicos neurotóxicos (X46.-; X49.-; Z57.5)
X - Outros transtornos neuróticos especificados (inclui "neurose profissional") (F48.8)	1. Problemas relacionados com o emprego e com o desemprego (Z56.-): Desemprego (Z56.0); Mudança de emprego (Z56.1); Ameaça de perda de emprego (Z56.2); Ritmo de trabalho penoso (Z56.3); Desacordo com patrão e colegas de trabalho (Condições difíceis de trabalho) (Z56.5); Outras dificuldades físicas e mentais relacionadas com o trabalho (Z56.6)
XI - Transtorno do ciclo vigília-sono devido a fatores não orgânicos (F51.2)	1. Problemas relacionados com o emprego e com o desemprego: Má adaptação à organização do horário de trabalho (Trabalho em Turnos ou Trabalho Noturno) (Z56.6) 2. Circunstância relativa às condições de trabalho (Y96)
XII - Sensação de estar acabado ("síndrome de *burnout*", "síndrome do esgotamento profissional") (Z73.0)	1. Ritmo de trabalho penoso (Z56.3) 2. Outras dificuldades físicas e mentais relacionadas com o trabalho (Z56.6)

Fonte: Adaptado de Barros e Teixeira.[17]

O mesmo se dará se, não sendo doença inerente à profissão, tratar-se de doença do trabalho, ou seja, ligada à forma como o sujeito trabalhava – desde que também conste na referida lista. E, mais ainda, se tais critérios não forem preenchidos, mesmo que a doença não conste da lista oficial, pode ser considerada acidente por decisão pericial.

O artigo seguinte da LBPS[16] elenca tal possibilidade:

> **Art. 21-A.** A perícia médica do Instituto Nacional do Seguro Social (INSS) considerará caracterizada a natureza acidentária da incapacidade quando constatar ocorrência de nexo técnico epidemiológico entre o trabalho e o agravo, decorrente da relação entre a atividade da empresa ou do empregado doméstico e a entidade mórbida motivadora da incapacidade elencada na Classificação Internacional de Doenças (CID), em conformidade com o que dispuser o regulamento.
>
> § 1º A perícia médica do INSS deixará de aplicar o disposto neste artigo quando demonstrada a inexistência do nexo de que trata o caput deste artigo. (Incluído pela Lei nº 11.430, de 2006.)
>
> § 2º A empresa ou o empregador doméstico poderão requerer a não aplicação do nexo técnico epidemiológico, de cuja decisão caberá recurso, com efeito suspensivo, da empresa, do empregador doméstico ou do segurado ao Conselho de Recursos da Previdência Social.

Como dito no início desta seção, o NTEP estabelece de forma praticamente automática a relação entre o transtorno e o trabalho, a depender da frequência com que eles se associam epidemiologicamente. Obviamente tal expediente não dispensa a perícia, pois pode ser o caso de, apesar de o trabalhador atuar em uma área em que muitas pessoas fiquem deprimidas, seu caso dever-se a um processo de luto, só para ficar em um exemplo simples. O perito deverá verificar, portanto, se o nexo, que em princípio existe, ocorre de fato nesse caso. A própria empresa pode contestar tal relação, o que denota a importância da perícia bem feita.

Estabelecer o nexo em Psiquiatria pode ser tarefa mais ardilosa do que parece, uma vez que nessa especialidade, via de regra, não existem fatores etiológicos bem estabelecidos para praticamente nenhum diagnóstico. Os manuais diagnósticos oficiais, como a *Classificação interna-*

cional de doenças (CID) e o *Manual diagnóstico e estatístico de transtornos mentais* (DSM), da Associação Americana de Psiquiatria, optam pelo termo "transtorno" em vez de "doença" por compreender essa diferença entre os transtornos mentais em geral e as doenças clínicas. A CID[18] afirma textualmente:

> Embora fatores de estresse psicossociais relativamente pouco graves possam precipitar a ocorrência de um grande número de transtornos [...] ou influenciar-lhes o quadro clínico, nem sempre é possível atribuir-lhes um papel etiológico, quanto mais que é necessário levar em consideração fatores de vulnerabilidade, frequentemente idiossincráticos, próprios de cada indivíduo; em outros termos, estes fatores não são nem necessários nem suficientes para explicar a ocorrência e a natureza do transtorno observado.

Classicamente a Medicina do Trabalho tem uma padronização, conhecida por Classificação de Schilling, baseada na proposta de Richard Schilling, feita na década de 1980, na Universidade de Londres. Ele dizia que a doença poderia estabelecer nexo com o trabalho por uma de três formas:

> I – Causa necessária – o trabalho foi o responsável principal pelo adoecimento, e sem ele a pessoa ainda estaria sã. É o que ocorre nas intoxicações ocupacionais, mas raramente na Psiquiatria.
> II – Contribui para a doença, não sendo causa necessária – o trabalho funciona como um fator de risco. Por definição, o fator de risco não é causa necessária, mas contribui para o problema (como nos casos de sedentarismo e infarto, ou tabagismo e câncer de pulmão).
> III – Concausa – o trabalho é uma causa associada; não é o único responsável, mas participa do adoecimento sendo gatilho de doenças latentes ou agravante das preexistentes.[17]

A leitura conjunta do texto da CID e da Classificação de Schilling nos leva a concluir que, na maioria das vezes, quando se tratar de um transtorno mental, se houver nexo será na classe II ou na classe III, já que o trabalho pode ser tanto fator de risco, como estabelecido inclusive pelo NTEP, quanto fonte de estresse, o que agrava praticamente qualquer transtorno mental preexistente. Tais critérios devem ser usados com cuidado, contudo, para fugir dos dois maiores riscos envolvidos nessas perícias. O primeiro é ignorar totalmente o peso do trabalho, já que é impossível estabelecer um nexo absoluto. O segundo é considerar o trabalho influenciando em toda e qualquer doença, por ser muito comum haver algum grau de estresse em qualquer atividade.

Só para dar uma ideia da complexidade da questão, há indícios de que o estresse no trabalho por si só não é o grande problema. Estudo acompanhando mais de 2 mil trabalhadores por sete anos concluiu que a causa de adoecimento parece muito mais ser a confluência de baixa autonomia com alto estresse – em trabalhadores com pouca autonomia, o estresse (medido por meio de muitas metas, prazos apertados, etc.) aumentou o risco de morte em 15,4%. Mas trabalhadores que gozavam de autonomia no emprego tinham o risco de morrer reduzido em 34% quando eram submetidos aos mesmos fatores de estresse. Investigar apenas o relato de fatores estressantes, como é comum ocorrer nas perícias, portanto, pode contar só parte da história.

Apenas quando o perito estiver convencido de que o estresse laboral foi particularmente importante, talvez mais do que outros fatores da vida do trabalhador, deve apontar a concausa.

Embora não tão frequentes, ainda no que diz respeito à Previdência, há perícias que visam estabelecer se a pessoa é "alienada mental", nos termos da lei:

Art. 151. Até que seja elaborada a lista de doenças mencionada no inciso II do art. 26, independe de carência a concessão de auxílio-doença e de aposentadoria por invalidez ao segurado que, após filiar-se ao RGPS, for acometido das seguintes doenças: tuberculose ativa, hanseníase, alienação mental, esclerose múltipla, hepatopatia grave, neoplasia maligna, cegueira, paralisia irreversível e incapacitante, cardiopatia grave, doença de Parkinson, espondiloartrose anquilosante, nefropatia grave, estado avançado da doença de Paget (osteíte deformante), síndrome da deficiência imunológica adquirida (AIDS) ou contaminação por radiação, com base em conclusão da Medicina especializada.[16]

O artigo 26 a que se faz referência é aquele que determina quando não precisa haver carência – o tempo de contribuição mínima – para que se goze dos benefícios:

> **Art. 26.** Independe de carência a concessão das seguintes prestações:
> I – pensão por morte, auxílio-reclusão, salário-família e auxílio-acidente;
> II – auxílio-doença e aposentadoria por invalidez nos casos de acidente de qualquer natureza ou causa e de doença profissional ou do trabalho, bem como nos casos de segurado que, após filiar-se ao RGPS, for acometido de alguma das doenças e afecções especificadas em lista elaborada pelos Ministérios da Saúde e da Previdência Social, atualizada a cada 3 (três) anos, de acordo com os critérios de estigma, deformação, mutilação, deficiência ou outro fator que lhe confira especificidade e gravidade que mereçam tratamento particularizado.[16]

A pergunta a que o perito deve responder, nesses casos, é se se trata de acidente de trabalho, doença profissional ou do trabalho, ou, ainda, se o transtorno mental priva a pessoa de uma vida independente e autônoma, em função da gravidade dos sintomas psiquiátricos apresentados, o que configuraria a alienação mental.

Por fim, vale mencionar as perícias que dizem respeito ao benefício social para pessoas que não contribuem com o INSS, definido na Lei Orgânica de Assistência Social (LOAS; Lei 8.742/93):[19]

> **Art. 20.** O benefício de prestação continuada é a garantia de um salário-mínimo mensal à pessoa com deficiência e ao idoso com 65 (sessenta e cinco) anos ou mais que comprovem não possuir meios de prover a própria manutenção nem de tê-la provida por sua família.

O exame pericial visará avaliar se a pessoa preenche os requisitos estabelecidos pela lei, sobretudo nos parágrafos:

> § 2º. Para efeito de concessão do benefício de prestação continuada, considera-se pessoa com deficiência aquela que tem impedimento de longo prazo de natureza física, mental, intelectual ou sensorial, o qual, em interação com uma ou mais barreiras, pode obstruir sua participação plena e efetiva na sociedade em igualdade de condições com as demais pessoas.
>
> § 3º. Considera-se incapaz de prover a manutenção da pessoa com deficiência ou idosa a família cuja renda mensal *per capita* seja inferior a 1/4 (um quarto) do salário-mínimo.
> [...]
> § 10. Considera-se impedimento de longo prazo, para os fins do § 2º deste artigo, aquele que produza efeitos pelo prazo mínimo de 2 (dois) anos.[19]

Isto é, deve o médico verificar se de fato a pessoa, dada a presença de um transtorno mental, fica incapaz de prover sua manutenção ou muito prejudicada socialmente – por no mínimo dois anos, e não apenas de forma transitória.

Só como curiosidade, a LOAS[19] define família como composta pelo "requerente, o cônjuge ou companheiro, os pais e, na ausência de um deles, a madrasta ou o padrasto, os irmãos solteiros, os filhos e enteados solteiros e os menores tutelados, desde que vivam sob o mesmo teto", que devem somar os rendimentos para determinar a renda doméstica.

Uma última distinção pode ser feita. As perícias realizadas no âmbito do INSS são denominadas perícias previdenciárias, contando com corpo próprio de médicos peritos que não são divididos por especialidades, a não ser em casos muito específicos. Tais perícias, contudo, não esgotam o tema, pois é possível que uma pessoa que tenha o benefício negado – ou concedido de forma da qual discorda (auxílio-doença em vez de auxílio-acidente, por exemplo) – entre com recurso judicial contra o INSS, alegando que o resultado da perícia não é correto. O juiz federal determina, então, uma nova perícia, agora não mais administrativa, mas judicial. A função do perito será idêntica à do perito inicial, devendo responder, basicamente, às mesmas perguntas. O profissional não deve ter constrangimento em concordar ou não com o colega anterior, podendo chegar a conclusões similares ou diversas.

Fundamental, portanto, é compreender os alcances e os limites da perícia psiquiátrica na esfera trabalhista. Não se pode aplicar pura e simplesmente a lógica da Medicina do Trabalho às perícias psiquiátricas, sob o risco de utilização inadequada do instrumental de uma área em outra. Na normatização de regras para médicos que atuem com trabalhadores, proposta pelo Conselho Federal de Medicina (CFM; Resolução 1.488/98),[20] estabelece-se que:

> **Artigo 10** – São atribuições e deveres do perito-médico judicial e assistentes técnicos:
> I – examinar clinicamente o trabalhador e solicitar os exames complementares necessários;
> II – o perito-médico judicial e assistentes técnicos, ao vistoriarem o local de trabalho, devem fazer-se acompanhar, se possível, pelo próprio trabalhador que está sendo objeto da perícia, para melhor conhecimento do seu ambiente de trabalho e função;
> III – estabelecer o nexo causal, CONSIDERANDO o exposto no artigo 2º e incisos.

Desde logo fica clara a necessidade de estabelecer o nexo causal, usando, para tanto, critérios também propostos pela norma do CFM:[20]

> **Artigo 2º** – Para o estabelecimento do nexo causal entre os transtornos de saúde e as atividades do trabalhador, além do exame clínico (físico e mental) e os exames complementares, quando necessários, deve o médico considerar:
> I – a história clínica e ocupacional, decisiva em qualquer diagnóstico e/ou investigação de nexo causal;
> II – o estudo do local de trabalho;
> III – o estudo da organização do trabalho;
> IV – os dados epidemiológicos;
> V – a literatura atualizada;

> VI – a ocorrência de quadro clínico ou subclínico em trabalhador exposto a condições agressivas;
> VII – a identificação de riscos físicos, químicos, biológicos, mecânicos, estressantes e outros;
> VIII – o depoimento e a experiência dos trabalhadores;
> IX – os conhecimentos e as práticas de outras disciplinas e de seus profissionais, sejam ou não da área da saúde.

Nem seria necessário criar uma regra para tanto, mas, talvez com intuito de evitar questionamentos legais, o CFM deixa claro que o exame do trabalhador é indispensável, tudo o mais devendo ser considerado e realizado apenas na medida de sua necessidade. Um exemplo ao qual sempre nos referimos é o da vistoria ao local de trabalho.

> **Artigo 11** – Deve o perito-médico judicial fornecer cópia de todos os documentos disponíveis para que os assistentes técnicos elaborem seus pareceres. Caso o perito-médico judicial necessite vistoriar a empresa (locais de trabalho e documentos sob sua guarda), ele deverá informar oficialmente o fato, com a devida antecedência, aos assistentes técnicos das partes (ano, mês, dia e hora da perícia).[20]

Essa vistoria é muitas vezes motivo de controvérsia, já que, na maioria dos casos, os psiquiatras a consideram desnecessária, fato contestado por advogados e eventualmente por médicos do trabalho. Contudo, fica claro que, na ótica da Psiquiatria, essa vistoria realmente tem pouca serventia. Isso se configura porque tal expediente tem o objetivo de verificar as condições do local de trabalho, levantando fatores de risco ocupacionais – físicos, químicos, biológicos, de acidente e ergonômicos – que devem constar do mapa de risco ocupacional. Embora existam também fatores psicossociais, estes não são incluídos no mapa, justamente por não serem pertinentes a um espaço físico e, sim, ao ambiente global, formado por relações, atribuições, rotina, etc.

O livro *Doenças relacionadas ao trabalho: manual de procedimentos para os serviços de saúde*, elaborado pelo Ministério da Saúde,[21] elenca, entre tais fatores, "exigências de produtividade, relações de trabalho autoritárias, falhas no treinamento e supervisão dos trabalhadores, entre outros", algo que não se pode verificar de fato em uma vistoria. Há quem alegue ser importante ouvir os prepostos (pessoas que representam a empresa – normalmente funcionários que ainda trabalham lá) e outras pessoas que poderiam trazer relatos objetivos. Infelizmente, a aquisição de relatos objetivos não é possível, não só pela subjetividade intrínseca a qualquer relato, mas também porque as pessoas que estão empregadas resistem a dar informações que firam os interesses dos empregadores, e os demitidos frequentemente têm sua história também marcada pela sensação de injustiça. Estabelecer a verdade dos fatos ocorridos não é o papel da perícia psiquiátrica – até porque, por mais experiente que seja, tal especialista não é capaz de detectar mentiras com precisão. O importante é verificar se se trata de uma história consistente e se os sintomas relatados são coerentes entre si e com a história; então, concluir, caso a história seja verdadeira, se aquela alegação faz ou não sentido. Determinar se a história é verdadeira extrapola a competência do perito.

É bastante comum que sejam solicitadas perícias psiquiátricas em casos de Assédio Moral, por exemplo. Embora não seja um quadro clínico, é muito comum perguntar ao perito sobre sua ocorrência e suas consequências. Novamente, não cabe ao médico descobrir se o trabalhador foi mesmo humilhado, submetido a regimes excessivos de trabalho, alijado do contato com os colegas ou coisa que o valha, que poderiam caracterizar o assédio. Sua função é verificar se há ou se houve adoecimento, sabendo de antemão que a presença de transtorno mental não implica a ocorrência do assédio moral, nem sua ausência exclui que tenha existido. Transmitir esse conhecimento para o juiz já pode ser de grande valia.

PSIQUIATRIA FORENSE NA ATUAÇÃO CLÍNICA

Antigamente havia uma divisão da Medicina em três grandes grupos de atuação – a Medicina Preventiva, a Medicina Curativa e a Medicina Normativa. Hoje em dia já não se raciocina nos mesmos termos, preferindo-se a divisão em prevenção primária (evitar o adoecimento), prevenção secundária (detectar a doença precocemente, quando não se pôde evitá-la) e prevenção terciária (evitar sequelas se não houve detecção precoce). Vê-se que curar é também prevenir, e a prevenção pode ser, por si só, terapêutica. Da mesma forma, a divisão estanque entre uma Medicina voltada exclusivamente para leis, regras e códigos, e outra preocupada apenas com as prevenções talvez não faça mais muito sentido. Pois se até aqui temos visto que a Psiquiatria Forense é o conhecimento médico amparando o trabalho da Justiça, em uma função normativa por lidar diretamente com normas diversas, isso nem de longe significa que tal conhecimento não alcance a esfera terapêutica. O fim de uma perícia pode não ter nada de clínico, mas daí a concluir que a Psiquiatria Clínica é separada da Psiquiatria Forense vai uma grande distância. Afinal, o psiquiatra forense tem conhecimentos médicos para auxiliar a Justiça e – essa é uma via de mão dupla – também tem conhecimentos judiciais para auxiliar a Medicina. Essa é a regra, e não a exceção, quando entramos no campo da ética médica, mormente na área da saúde mental, e também quando se tem que lidar, como médicos, psicólogos, assistentes sociais, enfermeiros, etc., com pacientes violentos, pacientes encarcerados, com menores infratores, vítimas de abuso ou violência, para ficar apenas em alguns exemplos. Nesses casos o atendimento integral não pode atuar apenas sobre os sintomas ou sobre a doença, necessariamente precisa considerar as questões jurídicas envolvidas se quisermos obter os melhores resultados na promoção da saúde como um todo; afinal, a OMS[22] a define como "um estado de completo bem-estar físico, mental e *social* e não apenas a ausência de doença" [grifo meu].

Agressividade e violência

O tema da violência e da agressividade é palpitante na Psiquiatria Forense, levando a debates acalorados sobre as implicações éticas e jurídicas da abordagem médica de tais questões. Isso ocorre porque quem comete um ato violento, qualquer que seja sua natureza, nunca é normal. Segundo o dicionário Houaiss, "normal" é aquele "cujo comportamento é considerado aceitável e comum". A agressão rompe as normas de convívio social, não sendo, portanto, aceitável; como a maioria das pessoas não é agressiva, a violência também não pode ser considerada comum, por difundida que esteja. A polêmica começa ao considerar-se que não ser normal significa ser doente. Longe da verdade, não ser normal significa não seguir a norma, não ser o habitual, mas não quer dizer a presença de uma doença. Só para se ter uma ideia, por vezes o normal é justamente o adoecimento – os pescadores do Nordeste brasileiro, expostos diariamente ao sol sem qualquer proteção, que não desenvolvem câncer de pele não são normais, pois o normal aí seria ter a doença. Da mesma forma, quando tratamos de comportamentos, existem alguns que não são normais, como a agressividade e a violência – não são comuns, não são esperados, nem aceitáveis –, mas daí a dizer que são formalmente comportamentos doentes vai uma longa distância.

No entanto, não podemos negar o fato de que a violência nem sempre é resultante de fatores sociais, políticos ou econômicos, sendo, por vezes, sintoma de doenças mentais. Ao dizermos isso é preciso fazer duas ressalvas:

- a imensa maioria dos doentes mentais nunca comete qualquer ato extremado de violência;
- de todos os atos violentos e agressivos praticados no mundo, a maior parte é perpetrada por pessoas sem diagnóstico psiquiátrico.

Embora pareçam óbvias, tais ressalvas são indispensáveis, pois existe um preconceito acirrado em relação aos pacientes psiquiátricos, estigmatizando-os como violentos, o que não corresponde de forma alguma à realidade.

A Psiquiatria Forense, como especialidade médica, deve se ater às manifestações patológicas de violência, à agressividade como sinal ou sintoma de algum transtorno mental, estudando quais funções psíquicas ou áreas cerebrais estão alteradas nesses casos, a fim de diagnosticar e propor tratamentos pertinentes. Quando extrapola seus limites, tratando da violência urbana ou do crime organizado, por exemplo, arrisca-se a incorrer em erros já historicamente condenados, como os conceitos de insanidade moral, e em generalizações que levam a ver qualquer crime como sintoma de doença mental.

Podemos classificar a agressividade de acordo com certos parâmetros com o intuito de entender a correlação entre doenças mentais e violência.

Assim, entre outras formas de classificação, a agressividade pode ser:

- **Direcionada** – Dirige-se para um objeto ou pessoa específico. Esta classificação de subdivide em:
  - *reativa* – emocional, secundária a ameaças ou frustrações
  - *instrumental* – predatória, planejada e com propósitos claros
- **Não direcionada** – Sem um objetivo, ocorre a esmo.

A agressividade não direcionada é aquela que pode ocorrer em pacientes com o nível de consciência rebaixado, sonolentos e confusos. É o caso de pessoas logo após crises epiléticas, dependentes químicos em abstinência, acidentados com traumatismos craniencefálicos. Pacientes estes que, na maioria das vezes, por se encontrarem em ambiente hospitalar, são submetidos a procedimentos que lhes aumenta o desconforto, como punção de veia, sondagem, imobilizações, medicação intramuscular, entre outros. Confusos que estão, arrancam o soro, querem se levantar; podem, quando tentam contê-los, se agitar e distribuir golpes a esmo, eventualmente ferindo as pessoas circundantes. É importante notar que, embora haja certa intencionalidade nesses atos, eles são motivados por grande desorientação e quase nunca têm como objetivo machucar propositalmente alguém.

Tais quadros devem ser tratados pelo psiquiatra principalmente por meio da abordagem adequada do problema que está por trás do estado do paciente: medicar a abstinência, prover um local mais calmo e não muito iluminado, proteger o paciente que está se recuperando de uma crise, eventualmente sedar aquele que está muito agitado. Eliminada a causa de base, em geral o nível de consciência é restaurado e não há mais episódios similares.

A agressividade direcionada é assim denominada por ter um objeto ou pessoa em vista, por almejar um objetivo conhecido. Como sintoma de sofrimento mental, pode acontecer, por exemplo, em pacientes psicóticos que, ouvindo vozes ameaçadoras e tendo delírios de estar sendo perseguidos, atribuam a alguém tais ameaças e o agridam pensando estar se defendendo.

Quando é reativa, normalmente se trata de atos impulsivos, sem planejamento, ocorrendo diante de estímulos percebidos como ameaçadores ou provocativos, mesmo que a reação seja desproporcional a eles. É comum ocorrer em indivíduos com transtorno de personalidade, como a personalidade com instabilidade emocional, o transtorno explosivo intermitente e alguns casos de personalidade antissocial com grande impulsividade, e mesmo em pacientes com transtornos do humor, caso da depressão e do transtorno bipolar, se o quadro apresentar altos níveis de irritabilidade. Pacientes com retardo mental e com demência, por contarem com poucos recursos psíquicos para contenção de seus impulsos, também podem incorrer nesse tipo de agressividade.

Na maioria desses casos, quase sempre tais pessoas se ressentem de seus atos e procuram meios para se tratar, pois percebem os prejuízos que vêm sofrendo e acarretando. Por isso mesmo, seu tratamento precisa, obrigatoriamente, levar em conta seu histórico de violência, que muitas vezes não é pequeno, investigando corretamente as circunstâncias em que esta ocorre, as motivações subjacentes, os sentimentos e pensamentos envolvidos. Além disso, a utilização de medicamentos específicos apresenta bons resultados no controle da impulsividade de muitos desses pacientes, devendo ser considerada caso a caso, de acordo com a apresentação clínica e com o diagnóstico.

A agressividade instrumental, ao contrário, não carrega consigo impulsividade; antes, é encontrada, sobretudo, nas pessoas que são vulgarmente denominadas como frias e calculistas. Sua ocorrência é planejada, ela cumpre propósitos bastante claros, previamente deliberados, almejando alcançar objetivos específicos. Ela é observada principalmente em um grupo de pessoas com o controverso diagnóstico de psicopatia.

Dadas as acaloradas discussões que cercam esses diagnósticos, vale a pena explicar um pouco melhor do que estamos falando quando utilizamos tais termos e quais as suas implicações médicas e jurídicas.

Em primeiro lugar, é importante conhecer o que a OMS entende por transtornos de personalidade em geral. Em sua *Classificação internacional de doenças* (CID-10),[18] é dito que eles são transtornos graves do jeito de ser e de se comportar, que não são explicados por uma doença, lesão ou qualquer problema cerebral, nem por qualquer outro transtorno psiquiátrico. Os problemas atingem diversos elementos da personalidade da pessoa, muitas vezes gerando angústia e trazendo prejuízos sócio-ocupacionais, sendo persistentes ao longo da vida, após se desenvolverem entre a infância e a adolescência.

Já o transtorno de personalidade antissocial (TPAS) é caracterizado por desprezo pelas obrigações sociais, falta de empatia para com os outros, ocorrência de grande desvio entre o comportamento e as normas sociais vigentes e esperadas, pouca tolerância à frustração e grande predisposição para descargas de agressividade e violência.[18] Além de tudo isso, quase sempre há tendência a culpar os outros ou tentar encontrar explicações para os comportamentos desviantes, comportamentos, aliás, que dificilmente conseguem ser modificados por experiências adversas, nem sequer por punições.[18] Psicopatia, atualmente, é entendida quase como uma subdivisão grave desse transtorno de personalidade, classificada em dois subtipos: os psicopatas primários, nos quais a frieza, e não a impulsividade, é predominante, com marcada falta de empatia e manipulação; e os psicopatas secundários, que apresentam mais impulsividade, menor ajustamento social, mais irresponsabilidade. Tais classificações são relativamente recentes, fruto de estudos que têm proliferado nessa área. O problema é que, a despeito de intensas pesquisas, de grandes investimentos e do interesse do Estado e da sociedade, não existe uma forma de tratamento que tenha se provado eficaz, nem para o transtorno de personalidade antissocial e menos ainda para a psicopatia. Abordagens psicológicas, comportamentais, familiares, farmacológicas, restritivas de liberdade – praticamente inexiste modalidade terapêutica que não tenha sido tentada. Os resultados variam muito de estudo para estudo, a maioria revelando eficácia limitada, e nenhum tendo ainda obtido um sucesso a toda prova. Isso não chega a ser surpreendente, já que na própria definição de transtornos de personalidade está dito que os problemas são persistentes ao longo da vida, e na de transtorno de personalidade antissocial sabe-se que os comportamentos são muito dificilmente modificados, inclusive por punições. Isso significa que a pessoa pode passar anos a fio presa, internada, etc., mas, quando chega a época de sua liberação, a probabilidade de que ela venha a se comportar da mesma forma que antes é muito grande. As implicações judiciais são enormes, já que o juiz percebe que, apesar de a sentença estar cumprida, a pessoa ainda transmite a sensação de ser uma ameaça à sociedade.

Para tentar lidar com esse problema foram desenvolvidas escalas de avaliação de risco, que procuram dar uma ideia da chance de reincidência criminal dessas pessoas. O problema é que, mesmo as mais acuradas, apresentam resultados limitados. Por exemplo, podem prever que o risco de determinado tipo de pessoa cometer um novo crime violento é de 75%. Então, se a sociedade optar por manter todas essas pessoas encarceradas, a cada quatro pessoas que ficarem presas, uma estará detida injustamente – já que, do ponto de vista estatístico, um quarto delas não voltaria a cometer crimes. Na virada do século XX para o XXI, o Reino Unido, diante de crimes violentos cometidos por tais pessoas, propôs uma reforma na legislação sobre saúde mental, criando um diagnóstico novo – transtorno de personalidade grave perigoso – e permitindo que as pessoas fossem internadas mesmo não havendo tratamento reconhecidamente eficaz para seu problema, e até mesmo antes que elas tenham cometido algum crime. As reações espalharam dissenso ao redor do mundo e mesmo dentro do Reino Unido: há estudos mostrando que, ao se utilizar as escalas e os critérios atuais, seis pessoas teriam que ficar presas durante um ano para prevenir um crime; só metade das pessoas que cometeriam crimes seria diagnosticada; e, finalmente, quase um terço das pessoas teria um resultado falso-positivo, sendo esses indivíduos internados injustamente. Cerca de uma década depois de implementado, o programa foi finalmente extinto na década de 2010.

No Brasil, quando a Justiça se encontra diante de tais casos intrincados, acaba sendo limitada por suas próprias regras, pois a lei brasileira não permite que se fique preso mais do que 30 anos. O Estatuto da Criança e do Adolescente, por sua vez, determina que a reclusão, no caso de menores, dure, no máximo, três anos. Em ambos os casos, findo o prazo, o indivíduo deve ser liberado. Aí então, por mais que essas pessoas transmitam a certeza que, ao serem soltas, voltarão a cometer crimes, não há mecanismos legais para mantê-las longe das ruas a não ser declará-las perigosas por meio de um incidente de insanidade mental e encaminhá-las para medida de segurança.

Tal resposta para essas situações é sujeita a controvérsias por ser muito simplista, confundindo, como destacamos, o não normal com o doente; existem indivíduos muito perigosos, mas mentalmente sãos, e criar diagnósticos sem critérios científicos, fazendo-o apenas para a segurança da sociedade, rescinde às soluções novecentistas, que já se provaram contraproducentes. O debate em torno dessa questão deve ser amplo, incluindo mais esferas do que apenas o Direito e a Medicina – outras ciências, como Psicologia, Sociologia, Antropologia, Filosofia, etc., devem contribuir com seu conhecimento na busca por uma saída justa.

Populações encarceradas

A origem excludente das prisões, o isolamento da sociedade que elas produzem, a criação de um microcosmo, no que pode ser classificado como "instituição total" – local onde as pessoas são mantidas por tempo integral, restringindo àquele ambiente seus relacionamentos e suas atividades e tendo todos os aspectos da vida diária controlados –, faz com que elas sejam locais de grande prevalência de padecimento mental. Ao lado disso, tem sido patente, nos países onde houve redução do número de leitos psiquiátricos para internação, o aumento de pacientes com transtornos mentais nas prisões. Embora o psiquiatra que faz a assistência médica aos pacientes nessas condições não seja, necessariamente, um psiquiatra forense, aqui também o conhecimento do Direito auxilia o desempenho das funções médicas.

Os estudos ao redor do mundo variam quanto aos resultados, dependendo da metodologia utilizada, mas pode-se dizer que entre um e dois terços das pessoas em presídios apresentam uma ou mais doenças mentais. As prevalências mais altas são encontradas nos estudos que levam em conta todos os transtornos, inclusive dependências químicas, alcoolismo e transtornos de personalidade.

Em geral os problemas mais encontrados são os transtornos de personalidade, notadamente o antissocial, que chega a acometer até um terço dos indivíduos; depressão e ansiedade, na maioria das vezes fruto do próprio encarceramento; e dependência de álcool e drogas, que chega a atingir até 65% dos indivíduos. A maioria das pesquisas mostra que a presença de esquizofrenia e outros transtornos psicóticos, embora menor, não pode ser menosprezada, sobretudo se levarmos em conta a progressiva criminalização do doente mental, como dito anteriormente – uma pessoa causando problemas na comunidade em razão de um transtorno mental e que não consegue ser inserida em um serviço de atenção à saúde fatalmente acabará por ser levada para uma delegacia, correndo sério risco de terminar na cadeia. Os médicos que atuam nas prisões provendo assistência deparam-se com dilemas éticos diferentes daqueles encontrados por médicos que se restringem à atuação pericial. Estes últimos estão liberados do sigilo, como vimos, por seu enquadre específico. Já o médico assistente fica em um meio termo escorregadio, pois deve manter o sigilo médico ao mesmo tempo em que responde ao Estado na figura da instituição prisional, muitas vezes sendo necessário repassar informações sobre o estado do prisioneiro às autoridades para a adequada condução do seu caso. Essa situação paradoxal é conhecida na literatura médico-legal como *double agentry*, ou agenciamento duplo. A questão é antiga, e, para tentar minimizá-la, diversas recomendações internacionais são propostas. Destacamos, entre elas, o Juramento de Atenas,[23] estabelecido em um congresso em 1977 e aprovado unanimemente pelo International Council of Prison Medical Services, em 1979; baseado nos princípios hipocráticos, ele reflete o que todas as regulamentações similares procuram estabelecer:

> Nós, os profissionais de saúde trabalhando em prisões, reunidos em Atenas em 10 de setembro de 1977, por este instrumento nos comprometemos, mantendo o espírito do juramento de Hipócrates, que nos empenharemos para fornecer o melhor tratamento de saúde possível para aqueles encarcerados em prisões por quaisquer motivos, sem preconceito e dentro de nossa ética profissional. Nós reconhecemos o direito dos indivíduos encarcerados a receber o melhor tratamento de saúde possível. Nós nos responsabilizamos:
>
> 1. A não tomar parte na autorização ou aprovação de punição física.
> 2. A não tomar parte em qualquer forma de tortura.
> 3. Não nos engajar em qualquer forma de experimentação humana entre indivíduos encarcerados sem seu consentimento informado.
> 4. A respeitar a confidencialidade de qualquer informação obtida no curso de nosso relacionamento profissional com pacientes encarcerados.
> 5. A basear nossas decisões médicas nas necessidades de nossos pacientes prioritariamente em relação a assuntos não médicos.

Em princípio irretorquível, se analisarmos com cuidado os tópicos concernentes ao sigilo deparamo-nos com as contradições que ressaltamos: a dificuldade em guardar segredo quando se está submetido ao duplo agenciamento. A única maneira de contornar o problema é declarar ao paciente, de pronto, que o sigilo será mantido desde que respeitados certos limites – o médico informa, no início do atendimento, que fatos de que tenha conhecimento no exercício da Medicina, mas que comprometam a segurança institucional, como planos de fuga ou vinganças, por exemplo, deverão ser comunicados à administração penitenciária. Elementos sem conexão com a vida institucional, mesmo que digam respeito à vida criminal do doente, podem permanecer em sigilo. Vale lembrar que, pela lei, o médico só tem o dever de comunicar crimes cometidos por seus pacientes se forem crimes de ação pública – ou seja, crimes nos quais o processo é automaticamente aberto pelo Ministério Público, independentemente de a vítima querer processar o criminoso (por exemplo, o homicídio se enquadra nessa categoria; o estupro, não) – e isso apenas quando tal comunicação não gere um processo contra o paciente:

> **Art. 66** – Deixar de comunicar à autoridade competente:
> [...]
> II – crime de ação pública, de que teve conhecimento no exercício da Medicina ou de outra profissão sanitária, desde que a ação penal não dependa de representação e a comunicação não exponha o cliente a procedimento criminal.[7]

Na prática, portanto, se um paciente revela um crime que cometeu, mas do qual as autoridades não têm conhecimento, o médico não tem o dever legal de comunicá-lo. Pode ou não fazê-lo, contudo, se para tal considerar que existe justa causa, expediente previsto tanto no Código Penal[7]

> **Art. 154** – Revelar alguém, *sem justa causa*, segredo de que tem ciência em razão de função, ministério, ofício ou profissão, e cuja revelação possa produzir dano a outrem [Grifo meu].

como no Código de Ética Médico[24]

> É vedado ao médico:
> **Art. 102** – Revelar fato de que tenha conhecimento em virtude do exercício de sua profissão, salvo por:
> - justa causa
> - dever legal
> - autorização expressa do paciente.

A decisão repousa sobre o julgamento do médico quanto à presença de uma razão que justifique a quebra do sigilo.

Embora essas implicações não se apliquem exclusivamente aos psiquiatras forenses, e tampouco apenas aos psiquiatras, já que todo médico atuante em instituições totais deve seguir tais diretrizes, existe um tipo de situação muito específica que diz respeito mais aos profissionais da saúde mental: a questão do tratamento voluntário, involuntário ou compulsório.

Ao contrário da maioria das especialidades, nas quais, se o paciente recusa uma medicação, o profissional deve respeitar tal decisão, em Psiquiatria não é raro que o médico tenha que agir contra a vontade expressa do paciente – casos em que este, por seu estado mental, não é capaz de entender a necessidade patente de uma internação ou de uma medicação. Quando isso ocorre, o paciente é submetido ao tratamento involuntariamente, de acordo com as leis e regras que regem tais atitudes. Nunca é demais fazer a ressalva de que a maioria dos pacientes psiquiátricos é plenamente capaz de entender e consentir ou não com um tratamento, sendo a involuntariedade reservada para aqueles cuja capacidade racional encontra-se claramente prejudicada.

Como os prisioneiros estão já submetidos a uma situação contrária a sua vontade – o encarceramento –, muitas vezes há a tendência a considerar que o tratamento médico deva também ser uma decisão que não cabe a eles. Tal entendimento é falso, contudo – sua pena, se privativa de liberdade, inclui restrição ao ir e vir, ao direito ao voto, entre outras, mas não ao direito de recusar ou consentir um tratamento médico. O prisioneiro só poderá ser tratado involuntariamente nas mesmas circunstâncias que uma pessoa em liberdade – se um transtorno mental privá-lo da capacidade de entendimento. A exceção dá-se nos casos de tratamento compulsório – este é uma determinação judicial e, independentemente da vontade do indivíduo, deve ser estabelecido.

Com esses dois exemplos – agressividade patológica e populações encarceradas – conseguimos entender que a Psiquiatria Forense vai, e deve ir, além de seus limites normativos – os conhecimentos médicos auxiliando a Justiça no estabelecimento e no cumprimento de normas e leis. É também seu papel auxiliar no estabelecimento de condutas médicas arvoradas no conhecimento das leis e das normas, visando o objetivo último da Medicina, resumido no antigo aforismo: "Curar algumas vezes, aliviar muitas vezes e consolar sempre".

4

Desafios bioéticos

A consciência de que a atuação médica deve se pautar pela ética está presente na profissão desde seus primórdios. Já no Juramento de Hipócrates[25] vemos lançadas as bases do sigilo e a beneficência:

> Em todas as casas em que entrar, fá-lo-ei apenas para benefício dos doentes, evitando todo o mal voluntário e a corrupção, especialmente a sedução das mulheres, dos homens, das crianças e dos servos.
> Sobre aquilo que vir ou ouvir respeitante à vida dos doentes, no exercício da minha profissão ou fora dela, e que não convenha que seja divulgado, guardarei silêncio como um segredo religioso.

Foi em meados do século XX, contudo, que os códigos de ética começaram a ser formalizados para balizamento da atuação profissional. Tais códigos são tentativas de operacionalizar fundamentos essenciais, que não poderiam faltar de forma alguma na interação com os doentes. Embora as definições variem, adotamos a nomenclatura ética para esses fatores essenciais e universais, que permanecem a despeito das mudanças tecnológicas ou dos costumes. Tradicionalmente a ética médica apoia-se em quatro pilares que buscam refletir esses fundamentos:

- **Beneficência** – Princípio basilar que orienta a, literalmente, fazer o bem ao paciente. Aliviar a dor, curar a doença, salvar a vida, preservar a função – trata-se de um princípio ativo, que chama à ação.

- **Não maleficência** – Também conhecida como beneficência negativa, tem sua tradução mais famosa no aforismo *"primo non nocere"*, em primeiro lugar não causar sofrimento. Pode entrar em conflito com o primeiro pilar, já que há ocasiões em que o que nos parece o bem, salvar a vida, pode ser mal para o paciente, se a vida foi preservada à custa de uma grande amputação, por exemplo.

- **Autonomia** – Capacidade de escolha feita por parte do paciente, que deve ser informado da melhor forma, mas deixado livre em suas decisões. Nas últimas décadas, a autonomia ganhou grande destaque, em oposição ao paternalismo, visão em que o médico sabia melhor do que o paciente o que era bom para este. É fonte, no entanto, de potenciais dilemas quando a vontade do paciente não corresponde ao que parece melhor para a equipe de saúde.

- **Justiça** – Defesa da distribuição equitativa de recursos, sejam financeiros, materiais ou humanos, seja em escala coletiva ou individual. Vai da alocação de verbas federais para saúde até a distribuição de médicos plantonistas nas enfermarias.

Essa esfera ética engloba a esfera moral, mais restrita, responsável por traduzir tais princípios na prática profissional, dando origem aos códigos de ética e às normas de conduta. No caso específico da Psiquiatria, além do Código de Ética Médica, redigido pelo CFM e publicado no Diário Oficial da União (Resolução CFM, n. 1931, de 17 de setembro de 2009), há também a Declaração do Havaí,[26] feita pela Associação Mundial de Psiquiatria e adotada pela primeira vez em 1977, e revisada em 1983.

Como ela não consta de nenhum livro em português, vale a pena transcrevê-la na íntegra.

> Desde o início da cultura, a ética tem sido uma parte essencial da arte curativa. É a visão da Associação Mundial de Psiquiatria que, devido a lealdades e expectativas conflitantes entre médicos e pacientes na sociedade contemporânea e à natureza delicada da relação terapeuta-paciente, altos padrões éticos são especialmente importantes para aqueles envolvidos na ciência e na prática da Psiquiatria como especialidade médica. Essas diretrizes foram delineadas para promover uma adesão íntima a esses

padrões e evitar o uso indevido de conceitos, conhecimentos e tecnologias psiquiátricos.

Uma vez que o psiquiatra é membro da sociedade, bem como praticante de Medicina, ele ou ela deve considerar as implicações éticas específicas da Psiquiatria, bem como as exigências éticas de todos os médicos e a responsabilidade social de cada homem e mulher.

Mesmo que o comportamento ético se baseie na consciência individual do psiquiatra e em seu julgamento pessoal, são necessárias diretrizes escritas para esclarecer as implicações éticas da profissão.

Portanto, a Assembleia Geral da Associação Mundial de Psiquiatria aprovou essas diretrizes éticas para os psiquiatras, tendo em mente as grandes diferenças em contextos culturais e em condições legais, sociais e econômicas que existem em vários países do mundo. Deve-se entender que a Associação Mundial de Psiquiatria vê essas diretrizes como requisitos mínimos para os padrões éticos da profissão psiquiátrica.

1. O objetivo da Psiquiatria é tratar doenças mentais e promover a saúde mental. Com o melhor de sua capacidade, consistente com o conhecimento científico e os princípios éticos aceitos, o psiquiatra deve servir aos melhores interesses do paciente e também estar preocupado com o bem comum e com uma justa alocação de profissionais de saúde, pacientes e público.
2. Todo psiquiatra deve oferecer ao paciente o melhor tratamento disponível que conheça e, se aceito, deve tratar dele ou dela com a privacidade e o respeito devido à dignidade de todos os seres humanos. Quando o psiquiatra é responsável pelo tratamento dado por outros, ele deve dar supervisão e educação competentes. Sempre que houver uma necessidade, ou sempre que o for solicitado de forma razoável pelo paciente, o psiquiatra deve procurar auxílio com outro colega.
3. A aspiração do psiquiatra é uma relação terapêutica baseada em acordo mútuo. Para seu melhor, tal relação exige confiança, confidencialidade, cooperação e responsabilidade mútua. Pode não ser possível estabelecer tal relacionamento com alguns pacientes. Nesse caso, deve ser estabelecido contato com um parente ou outra pessoa próxima ao paciente. Se e quando um relacionamento for estabelecido para outros fins que não sejam terapêuticos, como a

Psiquiatria Forense, sua natureza deve ser minuciosamente explicada à pessoa em questão.
4. O psiquiatra deve informar o paciente sobre a natureza da sua condição, os procedimentos terapêuticos, incluindo possíveis alternativas, e o prognóstico. Essas informações devem ser oferecidas de forma ponderada, e o paciente deve ter a oportunidade de escolher entre métodos apropriados disponíveis.
5. Nenhum procedimento deve ser realizado nem tratamento administrado contrária ou independentemente da vontade do próprio paciente, a menos que, por causa da doença mental, ele não possa julgar qual seu melhor interesse e sem tal tratamento seja provável que sérios prejuízos ocorram ao paciente ou a outros.
6. Assim que as condições para o tratamento involuntário já não se aplicarem, o psiquiatra deve liberar o paciente do caráter obrigatório do tratamento e, se houver necessidade de terapia adicional, deve obter o consentimento voluntário. O psiquiatra deve informar o paciente, e/ou familiares ou pessoas significativas, da existência de mecanismos de recurso para sua retenção e para quaisquer outras demandas relativas a seu bem-estar.
7. O psiquiatra nunca deve usar seus recursos profissionais para violar a dignidade ou os direitos humanos de qualquer indivíduo ou grupo e nunca deve permitir que desejos, sentimentos, preconceitos ou crenças pessoais inapropriados interfiram com o tratamento. Uma vez que a ausência de doença psiquiátrica tenha sido estabelecida, o psiquiatra não deve, de forma alguma, utilizar as ferramentas de sua profissão. Se um paciente ou algum terceiro exigir ações contrárias ao conhecimento científico ou a princípios éticos, o psiquiatra deve se recusar a cooperar.
8. Qualquer coisa que tenha sido informada ao psiquiatra pelo paciente, ou que ele tenha notado durante o exame ou o tratamento, deve ser confidencial, a não ser que o paciente libere o psiquiatra dessa obrigação, ou se, para evitar danos graves a si próprio ou a outros, for necessária a divulgação. Nesses casos, no entanto, o paciente deve ser informado da violação da confidencialidade.
9. Aumentar o conhecimento e divulgar as técnicas psiquiátricas requer a participação dos pacientes. O consentimento informado

deve, no entanto, ser obtido antes de apresentar um paciente a uma classe e, se possível, também quando há relatos de caso para publicação científica, quando todas as medidas razoáveis devem ser tomadas para preservar a dignidade e o anonimato do paciente e salvaguardar sua reputação pessoal. A participação dos pacientes deve ser voluntária, após terem recebido informações completas sobre o objetivo, os procedimentos, os riscos e os inconvenientes de um projeto de pesquisa, e deve sempre haver uma relação razoável entre riscos ou inconvenientes do estudo e seus benefícios. Em pesquisa clínica, cada sujeito deve manter e exercer todos os seus direitos como paciente. Para crianças e outros pacientes que não podem dar consentimento informado por si próprios, isso deve ser obtido junto a um parente próximo. Todo paciente ou sujeito de pesquisa é livre para retirar-se, por qualquer motivo, em qualquer momento de qualquer tratamento voluntário e de qualquer programa de ensino ou pesquisa do qual participe. Essa retirada, bem como qualquer recusa em entrar em um programa, nunca deve influenciar os esforços do psiquiatra para ajudar o paciente ou o sujeito.

10. O psiquiatra deve parar todos os programas terapêuticos, de ensino ou de pesquisa que possam evoluir contrariamente aos princípios desta Declaração. [Tradução minha].

Finalmente, a esfera legal é por ambas englobada, restrita a leis e mais específica. Esse raciocínio por esferas é interessante na medida em que é impossível criar leis que abordem a ação de todas as práticas e profissões. Para isso, criam-se os códigos. Estes, contudo, embora se aprofundem na especificidade de suas áreas e sejam mais dinâmicos, não acompanham em tempo real as mudanças pelas quais a sociedade passa. Diante de uma situação sensível, portanto, em primeiro lugar é importante conhecer a esfera legal e saber se existe uma lei que a regulamente. Na ausência de lei, pode ser ampliada a abordagem para a esfera moral, consultando os códigos – códigos de ética, normas profissionais ou regulamentos internos dos serviços. Se ainda assim a situação escapar a essas abordagens, sempre se pode partir para a esfera ética, raciocinando em termos dos seus postulados essenciais.

As novas situações que vêm surgindo diante dos psiquiatras com o avanço do conhecimento, sobretudo nas áreas da Neurociência, representam um desafio particularmente complexo.

A última década do século XX foi consagrada como a década do cérebro: o governo norte-americano, a iniciativa privada e cientistas dos Estados Unidos e do mundo todo uniram-se em uma força tarefa, até então inédita, com o intuito específico de produzir avanços significativos no conhecimento do cérebro humano. As Neurociências, que já vinham em um crescente acúmulo de conhecimento, desde então não param de desvendar os meandros dos neurônios e das conexões cerebrais, aumentando não apenas nosso entendimento sobre o funcionamento do cérebro, como também possibilitando intervenções até então inimagináveis.

Como em praticamente todo avanço científico, questões éticas importantes das mais diversas ordens surgem diante de tais avanços: a humanidade deverá aumentar a inteligência das pessoas artificialmente? É desejável acabar com toda a tristeza do mundo? Seres com inteligência artificial terão algum tipo de direito? Permitiremos manipulações genéticas para acabar com doenças mentais?

Para a Psiquiatria Forense em particular, na zona de interação entre leis, cérebro e mente, algumas questões, cujos primeiros sinais já começam a surgir na sociedade, serão fundamentais: conseguiremos desenvolver técnicas neurocientíficas para detecção de mentira? Poderemos manipular o comportamento de criminosos atuando em seus cérebros? Criminosos sexuais devem passar por castrações químicas? Chegaremos a algum tipo de cura para a psicopatia?

Com intuito de preparar terreno para o debate, sem, contudo, pretender produzir respostas fáceis e prontas para temas tão complexos, podemos examinar a literatura especializada para vislumbrar o *status quo* de algumas dessas questões.

DETECÇÃO DE MENTIRA

Falar a verdade é considerado moralmente correto em praticamente toda e qualquer sociedade organizada; a mentira, no entanto, embora quase universalmente condenada, está presente de igual forma em todos os agrupamentos sociais. É uma ameaça à medida que mina a base de confiança mútua necessária para o estabelecimento e a manutenção da sociedade, mas é ao mesmo tempo muitas vezes fundamental para manter aparências e sustentar o convívio harmonioso entre os complexos seres humanos.

Esse convívio ambíguo com a mentira fez de sua detecção um antigo sonho da humanidade, particularmente das forças policiais e investigativas dos Estados. Desde os gregos, que tentavam descobrir os mentirosos monitorando seu pulso, todo avanço alcançado em qualquer área que se relacione, ainda que remotamente, ao tema "produção de mentiras" – Psicologia Cognitiva, Linguística, Psiquiatria, Fisiologia, neuroimagem, etc. – é sempre testado como uma nova esperança de se conseguir, finalmente, separar os sinceros dos enganadores.

Como não poderia deixar de acontecer, técnicas desenvolvidas com base em conhecimentos auferidos na expansão das Neurociências vêm sendo propaladas como as últimas – e definitivas – novidades na detecção de mentiras. Entre as diversas linhas de pesquisa, duas se destacam: as que envolvem neuroimagem – visando o mapeamento de áreas cerebrais que estariam mais ativas ao se contar uma mentira do que ao se dizer a verdade –, e as que envolvem a atividade elétrica cerebral – detectando descargas involuntárias dos neurônios por meio de eletroencefalograma (EEG) seria possível desmascarar os mentirosos.

A neuroimagem é um dos campos que vêm trazendo muitas novidades para as Neurociências, e suas descobertas normalmente causam grande impacto na mídia, nem sempre com a interpretação mais correta para seus achados. O erro mais comum é confundir associação com causa. Quando cientistas encontram uma região do cérebro consistentemente mais ativa em pessoas apaixonadas, por exemplo, logo se imagina que aquela é a "área da paixão", a causa de nos apaixonarmos. A rigor, contudo, as pesquisas não conseguem determinar tal nexo de causalidade – a ativação daquela área pode ser consequência de a pessoa estar apaixonada e a verdadeira causa da paixão permanecer desconhecida. Da mesma forma, os pesquisadores vêm buscando localizar regiões do cérebro associadas à produção de mentiras e consistentemente têm associado o comportamento mentiroso a regiões como o córtex pré-frontal dorsolateral, o córtex cingulado anterior e o córtex pré-frontal medial. O problema principal em tentar extrapolar esses achados de laboratório para a prática forense está nas diferenças gritantes que existem entre as condições da pesquisa e a vida prática dos tribunais. Isso ocorre porque, para conseguir encontrar áreas associadas à mentira, os cientistas precisam criar situações que sejam controladas e replicáveis para poder repetir o experimento com diversos voluntários. Normalmente eles dão algum tipo de instrução padronizada para que as pessoas mintam sobre um determinado assunto, ou sobre uma figura que estão vendo, e assim por diante. Uma primeira diferença surge logo de saída, pois a mentira, na vida real, é desconhecida do outro – não avisamos quando vamos mentir –, enquanto nos experimentos sabe-se que uma mentira será contada. Outra diferença brutal diz respeito às consequências da mentira: para o mentiroso real normalmente há certo risco em ser descoberto, ser desmascarado – descrédito, vergonha, prejuízos, entre outros –, enquanto para o voluntário pesquisado não existe praticamente risco algum se não for convincente em sua tentativa de engano. Essas diferenças podem parecer pequenas, mas não são desprezíveis se lembrarmos que o que está sendo investigado é o funcionamento do cérebro, e diversas áreas distintas podem ser acionadas na presença do medo de ser descoberto ou pela tranquilidade de se saber, de antemão, que os outros estão cientes de que serão enganados. Há ainda uma dificuldade adicional na aplicação dos resultados na tentativa real de distinguir mentirosos de não mentirosos: as áreas que vêm sendo associadas à mentira são relacionadas também a outros comportamentos complexos – atenção concentrada, monitoramento de reações alheias, avaliação de riscos e recompensas, tomada de decisão, entre outras; essa superposição não é de se estranhar, já que para mentir é necessário que a pessoa preste atenção às reações do outro, tome decisões que envolvem riscos e benefícios e anteveja as consequências futuras de seu ato. Mas, como essas funções também são importantes em outras situações sociais – de um flerte à compra de uma ação na bolsa de valores –, não é fácil associar imediatamente sua ativação à mentira.

A utilização do EEG baseia-se na detecção de um potencial (uma descarga elétrica neuronal) que ocorre 300 milissegundos após a apresentação de um determinado estímulo, independentemente da vontade do sujeito, denominado P300. O experimento clássico de geração do P300 é chamado de paradigma *oddball* – pede-se que o voluntário preste atenção a uma série de estímulos, em qualquer modalidade – visuais e auditivos são os mais comuns –, apertando um botão sempre que um estímulo-alvo predeterminado aparecer. A partir daí, passa-se a apresentar uma série de estímulos, intercalando o estímulo--alvo umas poucas vezes; toda vez que isso ocorre, antes mesmo de o indivíduo apertar o botão, o EEG detecta o P300. O uso dessa técnica para detectar mentiras baseia-se no reconhecimento involuntário de elementos ligados a determinado crime. Assim, aos suspeitos de envolvimento em alguma atividade criminosa são apresentadas imagens de diversas situações neutras, avisando-os que, entre elas, serão mostradas cenas do crime ou imagens de elementos ligados de alguma forma à infração. Como o reconhecimento de estímulos gera o P300 involuntariamente, analisando o traçado do EEG e correlacionando-o com os estímulos apresentados, seria possível afirmar que o suspeito reconheceu algumas das imagens que somente o verdadeiro criminoso reconheceria. Embora teoricamente bem elaborado, o teste enfrenta limitações práticas quando há tentativas de extrapolar o ambiente controlado do laboratório, já que o suspeito pode reconhecer um estímulo por outros motivos: pode ter travado contato com a imagem na mídia, pode ter memórias que se assemelhem a uma das imagens apresentadas, etc. Além disso, um verdadeiro criminoso pode ter suas memórias distorcidas pelo estresse do momento, pelo uso de álcool ou de outras drogas, por exemplo. A maior crítica à técnica, contudo, é sua carência de validação científica – como o teste é patenteado, apenas a equipe de seu inventor fez pesquisas com ele até hoje, impossibilitando a comunidade científica de replicá-lo e referendá-lo.

Ainda assim, em 2009, um júri na Índia aceitou-o como evidência de que Aditi Sharma, acusada de matar seu ex-noivo, tinha conhecimento significativo sobre detalhes do crime, condenando-a a partir dos resultados do EEG.

Embora tenhamos avançado bastante desde os gregos, a detecção de mentiras ainda hoje é um desafio mesmo para as mais desenvolvidas técnicas neurocientíficas. Com seu aprimoramento, contudo, poderemos chegar cada vez mais perto de métodos com menores margens de erro.

É papel da sociedade, portanto, refletir sobre quais serão as margens de erro aceitáveis, o quanto tais técnicas sobrepujarão os testemunhos, se prescindirão ou não de outras provas, etc. É no interesse da sociedade que as Neurociências fazem tais pesquisas, e caberá a ela regulamentar sua utilização.

MANIPULAÇÃO DE COMPORTAMENTO

Embora desde tempos remotos as pessoas usem substâncias químicas para alterar o comportamento ou modificar os estados psíquicos – a utilização de álcool, por exemplo, é descrita como fazendo parte de rituais em diversas culturas antigas –, a Psiquiatria tinha poucos recursos farmacológicos até o meio do século passado. Antes disso, a Medicina contava com meios muito limitados para lidar com as doenças mentais – opioides e cocaína eram prescritos em casos de depressão, hidrato de cloral era empregado em paciente agitados, e barbitúricos eram prescritos como soníferos –, todos com efeitos que obviamente deixavam a desejar, até por serem meramente sintomáticos.

Na década de 1950, duas descobertas vieram revolucionar esse cenário, dando origem à moderna psicofarmacologia e alçando a Psiquiatria definitivamente à esfera de ciência médica: os neurolépticos e os antidepressivos. Ambos contaram com uma boa dose do que os norte-americanos chamam de *serendipity* – descobertas casuais quando se está pesquisando outra coisa. Os neurolépticos, utilizados no controle dos sintomas psicóticos, como alucinações e delírios, foram descobertos quando a clorpromazina, que vinha sendo testada como indutor de sono em anestesia, foi administrada para acalmar pacientes psicóticos agitados; percebeu-se que eles não só funcionavam como sedativos, mas tratavam também dos próprios sintomas psicóticos. O efeito foi tão drástico que promoveu um esvaziamento considerável nos manicômios, pois foi possível a alta de muitos pacientes internados há anos, até então considerados incuráveis.

Poucos anos depois, administrando iproniazida para tentar tratar pacientes tuberculosos, foi descoberto que, embora tal medicamento não fosse eficaz para a doença, aumentava significativamente o bem-estar dos pacientes, aliviando sintomas como tristeza, desânimo e perda de esperança; surgia, assim, o primeiro antidepressivo da história a ser empregado especificamente para esse fim.

A partir daí, conhecendo-se os efeitos de tais medicações, passou-se ao estudo das causas das doenças psiquiátricas, inaugurando-se a Psiquiatria moderna. Desde então, a despeito dos grandes avanços na área, os neurolépticos e antidepressivos ainda são a base do arsenal terapêutico psiquiátrico, acrescidos de lítio (outra droga cujas propriedades psiquiátricas foram descobertas por acaso, quando ainda era utilizada para o tratamento de gota e um médico norte-americano imaginou que a mania fosse uma espécie de crise de gota cerebral, administrando lítio para os pacientes), benzodiazepínicos e poucas outras drogas, não originalmente psicotrópicas, mas que colaboram no manejo dos transtornos mentais, como hormônios da tireoide em depressões resistentes, ou anticonvulsivantes usados como estabilizadores do humor.

Cientes da tentação perene que acompanha a humanidade de considerar os comportamentos desviantes da norma como doença, não surpreende que os avanços em psicofarmacologia sempre tenham trazido consigo a esperança de finalmente se encontrar a cura para o crime – praticamente todas as drogas utilizadas em Psiquiatria já foram tentadas. Os estudos mundiais mostram que os melhores resultados são obtidos quando, em lugar de tratar algo genérico como o "crime", se busca o controle de sintomas específicos, como agressividade, impulsividade, excesso de libido, etc. Nos casos em que tais fatores estão por trás do comportamento criminoso, muitas vezes é possível diminuir os riscos de reincidência criminal com uma intervenção terapêutica.

As questões que se colocam, no entanto, são mais complexas do que pode parecer à primeira vista.

Tomemos o caso dos criminosos sexuais: será eticamente justificável, por exemplo, abolir farmacologicamente sua libido, compulsoriamente? A sociedade deve tentar tratá-lo para adequar sua sexualidade às normas vigentes ou deve submetê-lo a uma castração química em prol da segurança coletiva? Os meios técnicos para isso já existem, mas deve-se estabelecer tal tratamento como uma pena?

Na década de 1970 o tema do tratamento para o crime gerou um debate mundial com o impacto do filme *Laranja mecânica*, de Stanley Kubrick, lançado em 1971, baseado no livro homônimo de Anthony Burgess, publicado em 1962.

A história se passa em um futuro próximo, quando um cientista, Dr. Ludovico, cria um método para extirpar a violência do interior dos psicopatas – aqueles reincidentes e incorrigíveis criminosos que desafiam qualquer sistema correcional e poderiam ser enquadrados como loucos morais, segundo Prichard. O método consiste em induzir um mal-estar terrivelmente desagradável no indivíduo por meio da injeção de um psicofármaco e, a partir daí, expô-lo a cenas de violência semelhantes àquelas que ele mesmo praticava. Procedendo repetidamente dessa forma, estabelece-se uma associação incontrolável entre o mal-estar e a violência – um verdadeiro condicionamento –; depois disso, o indivíduo torna-se incapaz de cometer novos atos criminosos. Apesar de se mostrar eficaz, há grande resistência à implementação do tratamento, uma vez que, entre as objeções éticas levantadas, encontra-se a da abolição do livre-arbítrio do sujeito. Segundo esses críticos, menos do que ser corrigido, esse ex-psicopata passaria a ser arbitrariamente controlado em suas atitudes.

Apesar do tom fantasioso do filme – afinal se trata de uma obra de ficção –, como toda obra de arte ele retrata a sociedade e provoca o debate, pois, com os avanços das técnicas de neuroimagem, mapeamento genético, novos fármacos, etc., em breve as promessas de cura se renovarão, com a suposta descoberta da área da violência no cérebro, do gene da criminalidade ou da pílula do bom comportamento.

O saber científico, incluindo aí as Neurociências, deve manter a postura cética, contudo, pois a ciência já se mostrou incapaz de abolir o crime ou extinguir os criminosos – a violência intraespécie e o desrespeito pela propriedade são problemas por demais intricados e multifatoriais para cederem diante de soluções unilaterais.

5

Considerações finais

Para que continue a existir como tal, toda sociedade necessita de regras, padrões de comportamento, de mínimos aceitáveis para o convívio entre os semelhantes. Esse "mínimo ético", como destacamos, reflete-se, ao menos em parte, nas leis e nos códigos formais dos Estados de direito – nenhum indivíduo daquele grupo deve comportar-se de forma a feri-los, sob pena de sofrer as consequências da lei.

Quando falamos de comportamento humano, contudo, as variáveis envolvidas são muitas e complexas – falamos de motivações, conscientes e inconscientes, falamos de desejos, de angústias, de paixões, de ódio, amor, cálculo –, enfim, falamos dos reflexos comportamentais da vida psíquica das pessoas. E, ao adentrarmos essa esfera, somos forçados a lembrar que o psiquismo humano, assim como todos os aspectos do organismo vivo que é o homem, está sujeito ao adoecimento. A grande diferença, que justifica livros como este, é que, diversamente das outras doenças, os transtornos mentais podem atingir o indivíduo naquilo que o define como ser – sua razão –, trazendo consequências não só para sua vida privada, sua saúde e seus relacionamentos, mas para toda a sociedade que com ele convive. Privado de sua capacidade racional de decidir e de entender, esse indivíduo passa a ser responsabilidade dos que o cercam: família, curadores e, em última análise, o Estado. A partir daí, fazendo o raciocínio inverso do que fizemos anteriormente, o seu psiquismo doente pode se manifestar como comportamentos destoantes da norma, correndo o risco de não se enquadrar nos parâmetros estabelecidos por seu grupo. Sabedores de sua condição especial, no entanto, não adianta submetê-lo aos rigores da lei; é necessário zelar pela proteção tanto do indivíduo como da coletividade, provendo tratamento adequado e minimizando situações de risco.

Claro está que não podemos ignorar o fato de que não basta ser desviante da norma para ser doente. Como vimos, a infração e a lesão ao direito alheio não são normais por não serem a norma, não serem o comum nem o aceitável. Mas é preciso reforçar que a Psiquiatria não existe para dizer quem é normal ou não, e sim para dizer quem é doente ou são. Tal distinção não é de forma alguma meramente semântica: doentes são aqueles que apresentam diagnóstico médico embasado em critérios internacionais claramente definidos na literatura médica, por mais difícil que seja, muitas vezes, distinguir tais sinais em meio ao emaranhado psíquico das pessoas; sãos, aqueles que não apresentam tal diagnóstico.

Já normal ou anormal é um conceito muito mais aberto, que envolve não somente os parâmetros definidos pelos médicos, mas também os definidos pelos usos e costumes, pela cultura e pela sociedade.

Manter essa postura é, se não a única, talvez uma das melhores formas de possibilitar que a Psiquiatria, sem extrapolar seus limites – e justamente por isso –, preste verdadeiro auxílio à Justiça quando envolvida com pessoas portadoras de transtornos psiquiátricos, e também a tais pessoas, quando envolvidas com a Justiça.

Referências

1. United Nations Office on Drugs and Crime. Manual for the measurement of juvenile justice indicators. New York: United Nations, 2006 [capturado em 18 jun. 2018]. Disponível em: http://www.unodc.org/pdf/criminal_justice/06-55616_ebook.pdf.
2. Assis M. Fuga do hospício e outras crônicas. 2. ed. São Paulo: Ática; 1998.
3. Darmon P. Médicos e assassinos na Belle Époque: a medicalização do crime. Rio de Janeiro: Paz e Terra; 1991.
4. Oppenheimer H. The criminal responsibility of lunatics a study in comparative law. London: Sweet and Maxwell; 1909.
5. Soares OM. Código penal da República dos Estados Unidos do Brasil. Brasília: Senado Federal; 2004. Coleção história do direito brasileiro. Direito penal; v. 6.
6. Brasil. Decreto nº 847, de 11 de outubro de 1890. Promulga o Código Penal [Internet]. [S. l.: s. n.]: 1890 [capturado em 18 jun. 2018]. Disponível em: http://www2.camara.leg.br/legin/fed/decret/1824-1899/decreto-847-11-outubro-1890-503086-publicacaooriginal-1-pe.html.
7. Brasil. Presidência da República. Decreto-Lei nº 2.848, de 7 de dezembro de 1940. Código Penal. Diário Oficial da União. 31 dez. 1940.
8. Brasil. Presidência da República. Decreto-Lei nº 3.689, de 3 de outubro de 1941. Código de Processo Penal. Diário Oficial da União. 13 out. 1941.
9. Brasil. Presidência da República. Constituição da República Federativa do Brasil de 1988. Brasília: Presidência da República; 1988 [capturado em 18 jun. 2018]. Disponível em: http://www.planalto.gov.br/ccivil_03/constituicao/constituicaocompilado.htm.
10. Brasil. Supremo Tribunal Federal. Habeas Corpus 84219-4. Paciente: Maria de Lourde Figueiredo ou Maria de Loudes Figueiredo ou Maria das Graças da Silva. Impetrante: PGE-SP – Waldir Francisco Honorato Junior. Coator:

Superior Tribunal de Justiça. Relator: Ministro Marco Aurélio. Medida de segurança – Projeção no tempo limite. Julgado em: 16 ago. 2005. Publicado em: 23 set. 2005.

11. Brasil. Presidência da República. Lei nº 11.343, de 23 de agosto de 2006. Institui o Sistema Nacional de Políticas Públicas sobre Drogas - Sisnad; prescreve medidas para prevenção do uso indevido, atenção e reinserção social de usuários e dependentes de drogas; estabelece normas para repressão à produção não autorizada e ao tráfico ilícito de drogas; define crimes e dá outras providências. Diário Oficial da União. 24 ago. 2006.

12. Brasil. Presidência da República. Lei nº 10.406, de 10 de janeiro de 2002. Institui o Código Civil. Diário Oficial da União. 11 jan. 2002.

13. Brasil. Presidência da República. Lei nº 13.146, de 6 de julho de 2015. Institui a Lei Brasileira de Inclusão da Pessoa com Deficiência (Estatuto da Pessoa com Deficiência). Diário Oficial da União. 7 jul. 2015.

14. Mnookin S, World Bank Group, World Health Organization. Out of the shadows: making mental health a global development priority. Washington: WHO; c2016 [capturado em 18 jun. 2018]. Disponível em: http://www.who.int/mental_health/advocacy/wb_background_paper.pdf.

15. Melo LEA. Precedentes do nexo técnico epidemiológico previdenciário. In: Machado J, Sorratto L, Codo W. Saúde e trabalho no Brasil: uma revolução silenciosa. O NTEP e a Previdência Social. Petrópolis: Vozes; 2010. p. 36-54.

16. Brasil. Presidência da República. Lei nº 8.213, de 24 de julho de 1991. Dispõe sobre os Planos de Benefícios da Previdência Social e dá outras providências. Diário Oficial da União. 25 jul. 1991.

17. Barros DM, Teixeira EH, organizadores. Manual de perícias psiquiátricas. Porto Alegre: Artmed; 2015.

18. Organização Mundial da Saúde. Classificação de transtornos mentais e de comportamento da CID-10: descrições clínicas e diretrizes diagnósticas. Porto Alegre: Artmed; 1993.

19. Brasil. Presidência da República. Lei nº 8.742, de 7 de dezembro de 1993. Dispõe sobre a organização da Assistência Social e dá outras providências. Diário Oficial da União. 8 dez. 1993.

20. Brasil. Conselho Federal de Medicina. Resolução CFM nº 1.488/1998. Dispõe de normas específicas para médicos que atendam o trabalhador. Diário Oficial da União. 6 mar. 1998.

21. Brasil. Ministério da Saúde, Organização Pan-Americana da Saúde. Doenças relacionadas ao trabalho: manual de procedimentos para os serviços de saúde. Brasília: MS, 2001.

22. World Health Organization. Constitution of WHO: principles [Internet]. Geneva: WHO; c2018 [capturado em 18 jun. 2018]. Disponível em: http://www.who.int/about/mission/en/.
23. Amnesty International. The oath of Athens [Internet]. [S. l.]: Medekspert; 1979 [capturado em 18 jun. 2018]. Disponível em: https://www.amnesty.org/download/Documents/184000/act750041994en.pdf.
24. Brasil. Conselho Federal de Medicina. Resolução CFM n° 1.931/2009. Aprova o Código de Ética Médica. Diário Oficial da União. 24 set. 2009.
25. Wikipedia.org [Internet]. Juramento de Hipócrates. [S. l.]: Wikipedia; 2018 [capturado em 18 jun. 2018]. Disponível em: https://pt.wikipedia.org/wiki/Juramento_de _Hip%C3%B3crates.
26. World Psychiatric Association. Declaration of Hawaii / II [Internet]. Geneva: WPA; c2016 [capturado em 18 jun. 2018]. Disponível em: http://www.wpa-net.org/detail.php?section_id=5&content_id=27.

LEITURAS RECOMENDADAS

Alvim RCM. Uma pequena história das medidas de segurança. São Paulo: IBCCrim; 1997.

American Psychiatric Association. Manual diagnóstico e estatístico de transtornos mentais: DSM-5. 5. ed. Porto Alegre: Artmed; 2014.

Ban TA. The role of serendipity in drug discovery. Dialogues Clin Neurosci. 2006;8(3):335-44.

Brasil. Presidência da República. Decreto n° 6.042, de 12 de fevereiro de 2007. Altera o Regulamento da Previdência Social, aprovado pelo Decreto no 3.048, de 6 de maio de 1999, disciplina a aplicação, acompanhamento e avaliação do Fator Acidentário de Prevenção - FAP e do Nexo Técnico Epidemiológico, e dá outras providências. Diário Oficial da União. 13 fev. 2007.

Brasil. Presidência da República. Emenda Constitucional n° 45, de 30 de dezembro de 2004. Altera dispositivos dos arts. 5°, 36, 52, 92, 93, 95, 98, 99, 102, 103, 104, 105, 107, 109, 111, 112, 114, 115, 125, 126, 127, 128, 129, 134 e 168 da Constituição Federal, e acrescenta os arts. 103-A, 103B, 111-A e 130-A, e dá outras providências. Diário Oficial da União. 31 dez. 2004.

Brasil. Presidência da República. Lei n° 8.069, de 13 de julho de 1990. Dispõe sobre o Estatuto da Criança e do Adolescente e dá outras providências. Diário Oficial da União. 16 jul. 1990.

Cohen C, Segre M, Ferraz FC, organizadores. Saúde mental, crime e justiça. 2. ed. São Paulo: Edusp; 2006.

Correia LC, Lima IM, Alves VS. [The rights of criminally insane individuals]. Cad Saude Publica. 2007;23(9):1995-2002.

Cunningham MD, Reidy TJ. Antisocial personality disorder and psychopathy: diagnostic dilemmas in classifying patterns of antisocial behavior in sentencing evaluations. Behav Sci Law. 1998;16(3):333-51.

Dowbiggin I. Inheriting madness: professionalization and psychiatric knowledge in nineteenth-century France. Berkeley: Unniversity of California Press; 1991.

Foucault M. História da loucura na idade clássica. São Paulo: Perspectiva; 1978.

Freitas AC. O cérebro violento: neurobiologia, complexidade e ética. São Paulo: Scortecci; 2007.

Goedhard LE, Stolker JJ, Heerdink ER, Nijman HL, Olivier B, Egberts TC. Pharmacotherapy for the treatment of aggressive behavior in general adult psychiatry: a systematic review. J Clin Psychiatry. 2006;67(7):1013-24.

Gonzalez-Mulé E, Cockburn B. Worked to death: the relationships of job demands and job control with mortality. Personnel Psychology. 2017;70(1):73-112.

Instituto Brasileiro de Geografia e Estatística. Comissão Nacional de Classificação. Classificação Nacional de Atividades Econômicas. Brasília: IBGE; 2006 [capturado em 18 jun. 2018]. Disponível em: https://concla.ibge.gov.br/classificacoes/por-tema/atividades-economicas/classificacao-nacional-de-atividades-economicas.html.

Jones DW. Disordered personalities and crime: an analysis of the history of moral insanity. Abingdon: Routledge; c2015.

Kjelsberg E, Hartvig P, Bowitz H, Kuisma I, Norbech P, Rustad AB, et al. Mental health consultations in a prison population: a descriptive study. BMC Psychiatry. 2006;6:27.

Maciel LR. A place to imprison criminal madness. Hist Cienc Saude-Manguinhos. 1999;6(2):445-52.

Maciel LR. Medicine-oriented society or socialized medicine? - considerations on a concept. Hist Cienc Saude-Manguinhos. 2001;8(2):464-8.

Mendonça DAP. Periculosidade e controle social. In: Encontro de Direito e Cultura Latino-americanos: diversidade, identidade e emancipação 1; 2005 ago. 2-5; Curitiba.

Morel BA. Traité des dégénérescences physiques, intellectuelles et morales de l'espèce humaine et des causes qui produisent ces variétés maladives. Paris: Chez J. B. Baillière; 1857.

Peres MFT, Nery Filho A, Lima Jr AS. A estratégia da periculosidade: Psiquiatria e justiça penal em um hospital de custódia e tratamento [Internet]. Psychiatry On Line Brazil. 2000 [capturado em 21 maio 2018]. Disponível em: http://www.priory.com/psych/perigo.htm.

Pessotti I. O século dos manicômios. São Paulo: 34; 1996.

Pinel P. Traité médico-philosophique sur l'aliénation mentale, ou la manie. Paris: Chez Richard; 1801.

Rosenbloom M. Chlorpromazine and the psychopharmacologic revolution. JAMA. 2002;287(14):1860-1.

Serafim AP, Barros DM, Rigonatti SP, organizadores. Temas em Psiquiatria Forense e psicologia jurídica II. São Paulo: Vetor; 2006.

Sip KE, Roepstorff A, McGregor W, Frith CD. Detecting deception: the scope and limits. Trends Cogn Sci. 2008;12(2):48-53.

Stoller SE, Wolpe PR. Emerging neurotechnologies for lie detection and the fifth amendment. Am J Law Med. 2007;33(2-3):359-75.

Taborda JGV, Arboleda-Florez J. Ética em Psiquiatria Forense: atividades pericial e clínica e pesquisa com prisioneiros. Rev Bras Psiquiatr. 2006;28(Supl. 2):S86-S92.

Velloso RR, Ribeiro HL, Cabral Filho A, Ribeiro RB, Cordeiro Q. Medida de segurança e a possibilidade de reclusão perpétua. In: Cordeiro Q, Lima MGA, organizadores. Medida de segurança: uma questão de saúde e ética. São Paulo: CREMESP; 2013.